J.SCHMITT 1966

ARSÈNE HOUSSAYE

OEUVRES POÉTIQUES

L'AMOUR
L'ART
LA NATURE

HISTOIRE D'ARSÈNE HOUSSAYE
PAR THÉODORE DE BANVILLE

PARIS
LIBRAIRIE DE L. HACHETTE ET Cie
RUE PIERRE-SARRAZIN, 14
(Près de l'École de médecine)

1857

ARSÈNE HOUSSAYE

OEUVRES POÉTIQUES

ARSÈNE HOUSSAYE

PORTRAITS DU DIX-HUITIÈME SIÈCLE
Sixième édition. Cinq séries à 1 fr. le vol.

VOYAGES HUMORISTIQUES
Nouvelle édition. Un volume. 3 fr. 50.

HISTOIRE DES PEINTRES FLAMANDS
Troisième édition. Un volume. 3 fr. 50.

HISTOIRE DU 41me FAUTEUIL
DE L'ACADÉMIE FRANÇAISE
Quatrième édition considérablement augmentée. Un volume. 3 fr. 50.

PHILOSOPHES ET COMÉDIENNES
Troisième édition. Un volume. 3 fr. 50.

LE VIOLON DE FRANJOLÉ
Troisième édition. Un volume. 3 fr. 50.

LES FEMMES COMME ELLES SONT
Un volume. 1 fr.

SOUS PRESSE

HISTOIRE DU DIX-HUITIÈME SIÈCLE
Quatre volumes grand in-8°. 20 fr.

DE L'IMMORTALITÉ DE L'AME
Un volume grand in-8°. 5 fr.

LA COMÉDIE QUE J'AI VUE
Deux volumes grand in-8°. 10 fr.

PARIS. — TYP. SIMON RAÇON ET COMP., RUE D'ERFURTH, 1.

ARSÈNE HOUSSAYE

OEUVRES
POÉTIQUES

L'AMOUR — L'ART — LA NATURE

L'amour révèle l'art, l'art révèle la
nature, la nature ramène à l'amour.
— GŒTHE. —

HISTOIRE D'ARSÈNE HOUSSAYE

PAR THÉODORE DE BANVILLE

PARIS
L. HACHETTE, LIBRAIRE-ÉDITEUR
14, RUE PIERRE-SARRAZIN, 14

MDCCCLVII

ARSÈNE HOUSSAYE[*]

I

« Je suis allé au bout du monde — visible et invisible, — j'ai fait le tour de la Vénus de Milo, tout l'art antique; j'ai adoré les figures de Léonard de Vinci, de Corrége et de Prudhon, tout l'art moderne. — J'ai parcouru les sphères radieuses de Platon, le monde ancien; — j'ai monté jusqu'au Calvaire, le monde nouveau. — Je suis allé partout et plus loin; j'ai même fait le tour de moi-même; mais je ne me connais pas. » C'est M. Arsène Houssaye, qui dit cela dans ses *Voyages humoristiques*, or moi qui vais parler de lui, le connais-je mieux?

Selon M. Arsène Houssaye, le livre le plus difficile à faire est le livre de la vie, livre que tout homme fait pourtant, mais à son insu, comme M. Jourdan faisait de la prose. M. Arsène Houssaye s'est toujours bien plus préoccupé d'être un poëte en action qu'un poëte mangé aux vers. Je le trouve très-supérieur aux prétendus

---

[*] L'éditeur a augmenté cette édition définitive d'un portrait de M. Arsène Houssaye, publié, dans la *Galerie du XIX° siècle*, par M. Théodore de Banville. Déjà des fragments de cette étude avaient paru dans un journal de Londres qui aime à causer des poëtes de Paris.

On ne juge peut-être bien les vers que si on connaît celui qui les a faits.

artistes qui se torturent eux-mêmes, comme ils torturent les mots, avec une égale impassibilité, le tout en l'honneur du grandiose connu et convenu.

Après le colosse qui n'a voulu tenir dans ses mains que la grande lyre ou le ciseau michelangesque, tout le monde ici a tenté de sculpter de grands vers chaussés du cothurne, vêtus de la pourpre, et, par avance, coiffés du laurier. L'auteur du *Quarante et unième fauteuil de l'Académie*, qui tient à rester lui, a fui cette pompe et cette dorure avec autant d'ardeur que d'autres en ont mis à les trouver. Il est poète comme une pêche est une pêche; il donne des vers comme l'espalier donne des fruits. Vous pouvez n'aimer point sa poésie, mais c'est de la poésie. Il est un peu du pays de La Fontaine, et, comme La Fontaine, il a son bouquet de serpolet trempé dans le vin de Champagne ; sa vigne est champenoise, mais sa muse est française. S'il avait cherché quelque chose, ç'auraient été les grâces charmantes et la divine simplicité du *bonhomme;* mais la nature, qui le traite en enfant prodigue, lui avait donné spontanément ces inestimables trésors, et, un peu d'art y aidant, il a eu la rare fortune de pouvoir rester paresseux. Presque tous les poètes vivants se vantent d'être paresseux; la plupart d'entre eux font là un beau mensonge. Ils ne montrent que la plume du colibri : on trouverait chez eux, si l'on ouvrait le tiroir du bureau en bois de rose, tout un attirail d'outils et de limes. Arsène Houssaye n'a pas même de plume ! Il est d'ailleurs impossible de caractériser la poésie de ce *trouveur*. Là c'est un Grec réveillé parmi nous. Lisez plutôt ses poëmes antiques. Comme Sapho, qu'il a chantée, comme celle que la Grèce, — ingénieux symbole ! — comptait à la fois parmi ses muses poëtesses et parmi ses muses poëtes, il a le cri de la passion, qui commence au banquet des dieux et qui finit dans l'oratoire de sainte Thérèse. Un peu plus loin, c'est un ami de Voltaire qui rime un sonnet sur les genoux de madame de Pompadour. Mais je ne veux pas dire ce qu'il est, car il me prouverait demain qu'il est ce qu'il n'était pas hier.

On n'explique pas la poésie, mais on explique le poëte. Le poëte n'est pas un sphinx; il doit dire son secret. Aussi laisserai-je ici le plus souvent le poëte s'expliquer lui-même. Il a écrit un livre qui, je crois, aura pour titre : *La Comédie que j'ai vue*, un livre qu'on lui pardonnera, même après avoir lu les *Confessions* de Jean-Jacques. Or ce livre, où il met en scène la plupart des figures célèbres de notre temps, avec sa touche vivante et spirituelle, je l'ai entre les mains, et j'en détacherai quelques pages pour prouver que j'ai raison de prédire que ce sera une grande curiosité.

Voulez-vous que je commence par le commencement?

M. Arsène Houssaye est né aux derniers jours de l'Empire dans une petite ville de l'Ile-de-France, Bruyères, pays de vignes, vieux clocher, gaies montagnes où babillent des moulins à vent, vallées fécondes avec la forêt de Lavergny à l'horizon, paysage aimé de La Fontaine, solitude aimée d'Abélard. Mais écoutez le poëte lui-même.

II

« J'étais bien jeune encore quand je descendis ma chère montagne couronnée de bruyères roses et de genêts jaunes, tout étoilée de marguerites et d'églantines, toute chargée sur le flanc de vignes généreuses aux beaux tons d'or et de pourpre. On avait jugé que l'étude était impossible à la maison paternelle, grande ruche en travail, vraie cité ouvrière. Mon père m'avait d'abord confié à son père, autre maison bruyante où l'on s'amusait beaucoup. C'étaient tous les jours des repas homériques, des veillées patriarcales, de gaies processions de bouteilles qui chantaient la chanson de l'hospitalité.

« J'aimais mieux l'intérieur plus reposé, plus simple, presque pauvre, de mon grand-père maternel, qui habitait au beau milieu de Bruyères.

« Mon grand-père maternel était du peuple, du peuple qui travaille, « qui laboure, comme dit l'Écriture, son sillon d'angoisses. » Il avait fait son tour de France, un livre et un ciseau sous le bras; il excellait aux boiseries à ornements des châteaux et des églises. Il n'aimait pas le confessionnal, mais il en a sculpté plus d'un de formes sévères et charmantes. Il mêlait un peu beaucoup le profane au sacré : ainsi, dans le chœur de l'église de Bruyères, le violon tient toujours la plus belle place dans les emblèmes chrétiens : sans doute il avait étudié la langue symbolique dans les tableaux byzantins, où les anges jouent du violon pour conduire au paradis la phalange des âmes.

« Après une vie laborieuse et exemplaire, après avoir servi la République avec passion de son temps (tout ce qu'il avait), il arriva à soixante-quinze ans sans autre revenu que celui d'une petite terre de sa femme et le vin de quelques arpents de vignes qu'il avait plantées lui-même au mont de Parmailles. Il se disait heureux et parlait de son superflu. Son superflu, c'était sa bibliothèque, c'était surtout la nature, ce livre des livres, dont il savait presque toutes les pages. C'était aussi le verre de vin dont, seul peut-être dans tout le pays, il arrosait le morceau de pain réservé aux pauvres. Aussi, quoique en sa qualité de commissaire de la République, il fût toujours montré du doigt comme étant de la queue de Robespierre, il était respecté par tout le monde, même par mon grand-père paternel, dont il avait pris violemment l'autorité en 1789 ; car tous les deux s'étaient succédé au gouvernail de Bruyères pendant le flux et le reflux de l'opinion républicaine et royaliste.

« Sa bibliothèque était un fouillis alléchant pour l'esprit. Dès que je sus un peu lire, ce fut la forêt vierge du nouveau monde où je m'aventurais. Beaucoup de broussailles et de branches envahissantes, peu d'arbres vigoureux s'élevant dans le ciel de l'intelligence, à part Voltaire et Jean-Jacques. L'édition de Voltaire était reliée avec une lettre autographe de Condorcet, dont le sculpteur était cousin. Pareillement dans les *Révolutions de France et de Brabant* se trouvait une lettre de Camille Desmoulins, son ami. Il avait aussi connu Saint-Just et quelques autres révolutionnaires du même pays. Le cousin Jacques, quelque temps célèbre par ses *Lunes* et autres ouvrages lunatiques, était aussi son cousin avant d'être le cousin de tout le monde.

« Quoique le maître d'école m'eût déclaré qu'il ne fallait jamais ouvrir ni Voltaire ni Rousseau, j'avoue que je n'eus pas la curiosité du fruit défendu. J'allai droit aux *Métamorphoses* d'Ovide, traduites deux fois : en prose et en estampes. Ovide fut mon premier maître en poésie et en philosophie ; car c'est en lui que j'ai puisé cette croyance en la nature vivante renfermant Dieu. Je n'ai jamais sans battement de cœur vu la hache du bûcheron frapper un arbre, et, comme je ne sais plus quel poëte de l'antiquité païenne, je n'ai jamais aimé à moissonner les roses, si ce n'est pour les mettre au tombeau sur le sein d'une belle fille.

« Je n'étais pas d'ailleurs un enfant studieux ; aucun écolier de mon âge n'était plus ardent, au sortir de l'école, aux jeux bruyants et désordonnés. L'école renfermait environ quatre-vingts drôles plus décidés à secouer l'arbre du prochain que l'arbre de la science. Cette petite armée, répandue par les champs ou par la ville, commettait des dégâts sans nombre. On jouait avec beaucoup d'héroïsme à représenter quelque bande de brigands à la Salvator Rosa. Si je n'étais le chef, j'étais un des capitaines toujours obéi, parce que mon grand-père paternel était maire et qu'il possédait de beaux jardins que nous prenions d'assaut — dans la saison des pêches et des raisins.

« Avant la Révolution de 1830, la vie de province avait gardé je ne sais quelle saveur à jamais perdue, quel vert parfum des anciens temps. A Bruyères, les femmes en étaient encore au bonnet à la Charlotte Corday, et les hommes portaient victorieusement le chapeau à cornes. Beaucoup de caractère dans le costume et dans la vie intime. Beaucoup de vives empreintes, beaucoup de contrastes. Tous n'étaient pas, comme trop le sont aujourd'hui, marqués à la même effigie. Dans quelques intérieurs, j'ai retrouvé des souvenirs, des manières, des habitudes de l'ancienne France jusqu'au cœur du moyen âge. Dans certaines vieilles maisons à auvent avec une niche à saint, j'ai reconnu la superstition du douzième siècle, la superstition, cette lampe sépulcrale qui éclaire les tombeaux de l'esprit humain. Plus loin, devant un pignon sur rue, j'ai salué la rusticité un peu hautaine de la Renaissance. J'ai connu des contemporaines par tradition de Jeanne d'Arc et de Marie de Médicis. Les femmes les plus avancées dans le mouvement des modes et de l'esprit humain en étaient à madame de Pompadour. Autrefois la province vivait de sa vie à elle ; la lumière de Paris ne lui arrivait que lointainement. Les idées n'avaient ni journaux ni chemins de fer ; elles voyageaient par le coche et n'arrivaient qu'un siècle après leur départ. Je ne parle pas des idées révolutionnaires ; car celles-là, si elles sont envoyées par Dieu, voyagent avec le vent.

« J'étais silencieux, écoutant et regardant beaucoup, quand je n'étais plus avec les gamins, ou quand je n'étais pas à la bibliothèque. J'y courais à l'heure de l'école. C'était mon école buissonnière. Plus d'une fois il m'arriva de rester à celle-ci et d'oublier l'autre.

Quand mon grand-père m'y surprenait, il riait du discours que ne manquerait pas de faire le maître courroucé. Il m'aidait à pénétrer dans cette forêt touffue où il avait la coutume de s'asseoir à l'ombre du premier arbre venu. Que lui importait le livre? Tous ont leur raison d'être, depuis les sentences des sept sages de la Grèce jusqu'à l'*Éloge de la Folie*. Quel est le mauvais livre qui ne renferme pas le coup de l'étrier? Quand j'ouvre un dictionnaire, mon imagination ouvre ses mille portes d'or ou de fer. Pour un homme d'esprit, un livre n'est qu'un point de départ. Pour un sot, c'est la tour de Babel.

« Les soirs d'hiver, mon grand-père, qui avait jusqu'à douze petits enfants de mon âge à son feu, nous donnait des leçons d'histoire et de dessin sur la plaque de la cheminée. Il la blanchissait avec des cendres, et il y dessinait du bout de son bâton des figures, des monuments, des portraits, quelquefois même des scènes historiques, pendant qu'un de ses voisins, voltairien persistant, lui lisait le *Constitutionnel* avec passion. Ma grand'mère, tout en filant au rouet du lin cueilli par elle, interrompait le lecteur par quelque violente sortie contre les aristocrates — comme mon grand-père paternel, qui était un peu vain de ses parchemins* et de sa fortune, qui se permettait d'aimer le roi, le curé et les femmes du prochain.

« Qu'est-ce que cela fait? s'écriait le sculpteur. Ne disons rien contre les hommes de bonne foi et de bonne volonté, — et surtout contre nos ennemis. » (Mon père avait épousé ma mère, quoique les deux familles fussent ennemies — quoiqu'il fût riche et que ma mère n'eût pas de dot. Je crois que j'en ai encore mieux aimé mon père pour cela.)

« Il y avait dans sa bibliothèque des poëtes du seizième siècle : Saint-Amand et Théophile. Si j'appris la poésie dans Ovide, j'appris les vers dans ces poëtes aux rimes sonores, panaches colorés qui enchantaient mes yeux. Mon grand-père, qui n'était pas familier avec les poëtes, me conseillait Boileau et me mettait en garde

---

* D'Hozier a dressé la généalogie de la famille Houssaye, qui s'est alliée aux d'Aguesseau et aux Condorcet. « Sans compter, dit le poëte, qu'elle a acquis depuis trente-six quartiers de roture. » Elle a gardé ses vignes, quasi plantées par Noé, dont le vin est digne d'être chanté par les poëtes, fils de Japhet. Il était de cette famille, le célèbre solitaire du mont Valérien, Jean Houssaye, qui, selon Moreri, a prédit à Henri III et à Henri IV comment ils mourraient.

contre Saint-Amand et Théophile; mais je ne trouvais rien dans Boileau, et je respirais dans ses victimes je ne sais quelle séve et quel parfum de la forêt primitive. Une strophe de Théophile, un sonnet de Saint-Amand, m'ouvraient des échappées lumineuses sur des chemins inaccessibles; les vers de Boileau m'ennuyaient comme une grande route invariablement belle, sans hasards et sans imprévu. Si j'admettais la pluralité des dieux, j'élèverais un autel à l'Imprévu.

« Je ne faisais pas grand'chose à l'école, où mon écriture hiéroglyphique désespérait mon maître. C'était un homme de cinquante ans, qui chantait à l'église et buvait au cabaret « à pleine gueule, » comme disait sa femme. A l'école, sur son estrade de sapin, il enseignait ce qu'il ne savait pas : la grammaire. Mais, chaque fois qu'il ne se comprenait plus, il empanachait sa phrase d'un mot latin, il fronçait le sourcil comme le Jupiter de Phidias, il nous disait que nous étions des ânes, et tout était dit. Aujourd'hui son opinion n'a sans doute pas changé sur mon compte. Quand on lui dit que je fais des livres, il répond d'un air hautain : « Autrefois j'enseignais cela. » Pour moi, je le porte dans mon cœur. Je vous remercie, ô mon premier maître! pour ce que vous ne m'avez pas appris : la géographie qui rapetisse le monde, l'histoire qui le déshonore, la philosophie qui doute de Dieu! Je vous remercie d'avoir éloigné de mes lèvres cette coupe amère de la science qui est faite comme le tonneau des Danaïdes. On y verse toutes ses larmes; elle ne s'emplit jamais.

« Mon vrai maître, c'était mon grand-père. Il me conduisait presque tous les jours à ses vignes ou sur la montagne voisine pour embrasser ma mère, que nous trouvions toujours sur pied, veillant à tout, un enfant sur les bras et un autre à la main. Que de fois nous la surprenions prêchant ses gens d'exemple, toute couronnée de sueur, ces perles du travail, pétrissant la pâte dans la maie de noyer, lisant Jean-Jacques ou madame de Staël, secouant la luzerne pour la fenaison, donnant son lait fécond au nouveau venu, tout cela avec une charmante gaieté de cœur et d'esprit. Elle sautait au cou de son père et me faisait sauter dans ses bras. La muse de la famille, c'était ma mère. Nous arrivions souvent à point pour rompre une exquise galette de pur froment qu'elle arrosait d'une bouteille de vin blanc de notre cru, depuis longtemps couchée dans le sable. Elle nous disait avec un naïf orgueil, elle qu'on avait élevée à ne rien faire : « J'ai moissonné le blé, j'ai pétri la pâte et j'ai battu le beurre pour la dorer. » Ah ! qui me montrera jamais de ces galettes savoureuses qui avaient la couleur chaude du froment bien mûr, et qui répandaient je ne sais quelle bonne odeur de bruyères et de genêts ayant flambé dans le four !

« La maison de mon père, bâtie sur les ruines d'un château et d'une abbaye, n'était pas précisément un musée. Aucun ornement, aucun tableau, aucune superfluité. Une cheminée gigantesque, avec un manteau sculpté par mon grand-père, attirait tout d'abord les regards ; on voyait de chaque côté d'une crémaillère hollandaise une douzaine de jambons enfumés. Dans les cendres, les chats et les chiens vivaient en famille, se tirant à tour de rôle les marrons du feu. Sur le dessus de la cheminée mes yeux s'arrêtaient avec amour sur un beau fusil et sur un beau violon, car mon père était bon chasseur et bon musicien. Je raconterai ici entre ( ) que, pendant la première invasion, une compagnie de Cosaques força mon père, sabre sur la gorge, de jouer des valses durant douze heures sans désemparer. Ce qu'il y avait de moins encourageant pour lui, c'est que les Cosaques valsaient avec les plus belles dames du pays.

« Quelquefois mon grand-père saisissait le violon et s'en allait jouer sur le versant de la montagne le *Chant du Départ* ou la *Marseillaise* avec des larmes dans les yeux. C'étaient les chansons d'amour de sa jeunesse, car sa vraie maîtresse, c'avait été la République. — Pourquoi pleurez-vous, grand-père ? lui demandai-je un jour d'un air distrait, tout en cueillant des églantines dans la montagne. Il ne me répondit pas, mais il se dit à lui-même :— Je pleure, parce que Napoléon nous a pris la République pour l'étouffer dans son lit impérial ! Je pleure, parce que celui qui nous consolait de la République est prisonnier de l'Angleterre !

« Ce qui me charmait en cette vieille maison environnée de moulins babillards, c'était l'air de gaieté rayonnant sur le travail. On eût dit une vraie ruche au soleil, toujours voletant et bourdonnant. Il y avait là tout un monde. Mon père aimait le mouvement des bras. Il ne pardonnait pas à ses gens et à ses moulins d'avoir les bras croisés. Il était l'âme de toute une armée de travailleurs dans les bois, sur la montagne et dans la vallée, aux moulins, aux fermes de la Tour et de Montbérault. On ne le voyait jamais que passer ; il avait un cheval arabe très-connu dans le pays, qui allait comme le vent aux quatre coins du terroir. C'était la plus folle et la plus fine bête de la création. Quand revenait mon père, si j'étais à la maison, il me lançait sur le cheval, me donnait la bride et me disait : — Va ! — et j'allais.

« Ce cheval, c'était l'image de ma destinée fantasque, qui m'a toujours emporté sans me dire où. Avec elle comme avec le cheval, j'allais sans peur des casse-cou, lâchant la bride, tout plein de confiance dans l'éperon invisible de Dieu. »

III

Sans parler de quelques années d'étude où l'antiquité païenne a marqué son effigie, je puis renvoyer le lecteur aux premiers vers des *Romans de la Vie*, où le poëte raconte l'amant.

Et, quand on aura lu ces strophes baignées des fraîches clartés de l'aurore, on reviendra à la prose. *Mademoiselle Hyacinthe* est tout un petit roman qu'on sera charmé de trouver ici. C'est le premier coup de soleil de l'amour.

« Je n'étais plus un enfant et je n'étais pas encore un homme ; j'étais dans l'aube blanche, mais déjà lumineuse. Mon père me conduisait tous les ans à la fête de L—y, chez un gentilhomme campagnard qui avait transformé une vieille abbaye en château. La route de L—y, c'est toute une charmante promenade à travers les prés et les bois. Cette année-là, nous montâmes à cheval par une de ces radieuses journées de juillet qui font croire à l'éternité du beau temps et qui montrent d'un peu plus près Dieu à sa créature. Ici on fauchait les prés, là on les fanait. Je crois respirer encore les senteurs pénétrantes de l'herbe secouée, je crois entendre encore les sifflements de la faux dans la prairie.

« Quand nous arrivâmes dans la forêt de L—y, les merles joyeux nous accueillirent par leurs chants aigus, désespoir éternel des rossignols. Ils étaient si familiers, qu'ils sautillaient de leurs jolies pattes roses jusque sous les pieds des chevaux.

« La nature était de si belle humeur ce jour-là, que tous ses enfants, depuis l'homme jusqu'au ciron, semblaient se confondre dans la même étreinte et le même épanouissement. Mon père rêvait de son côté et moi du mien, lui sans doute à ses bois, moi à mes vers. Je me sentais dans une symphonie vague, touffue, universelle, dont la forêt d'ailleurs était le symbole. Nous arrivâmes après avoir donné un coup d'éperon pour prouver à ceux des convives qui attendaient, car il était l'heure de se mettre à table, que nous avions hâte d'arriver, quoique en vérité notre bonheur avait été de retenir nos chevaux, comme font les écoliers qui vont à l'école.

« Le maître de la maison, du plus loin qu'il nous vit venir, nous cria que nous arrivions les derniers. J'embrassai la dame du logis, dont j'aimais alors beaucoup les trois sœurs, qui étaient là, mais que je n'osais embrasser elles-mêmes. Je les trouvai plus jolies encore que de coutume, tant la vive lumière de ce beau jour colorait gaiement toutes choses. Je ne savais à laquelle aller ; je n'étais pas seul d'ailleurs sur les rangs pour battre en brèche ces jeunes cœurs qui ne cherchaient qu'à se donner, sauf à se reprendre pour se donner encore.

« Enfin je pris la main d'une de ces trois Grâces sous le prétexte de lui lire dans la main ; j'avais appris d'un oncle nécromancien l'art de déchiffrer les lignes symboliques, mais j'en étais à peine à l'alphabet quand la cloche sonna le dîner. Les cinquante convives étagés sur les marches d'un perron gigantesque défilèrent bruyamment vers la salle à manger.

« Il y avait encore cinq ou six personnes sur le perron, moi entre autres, qui n'avais pas lâché la main d'Anna, et qui lisais bien plutôt dans ses beaux yeux bleus que dans sa main, lorsqu'on sonna à la porte de la cour, dont la grille était ouverte : je n'oublierai jamais ce spectacle, qui me rappela du premier abord la fable de la Fontaine, que je savais encore par cœur, l'*Ane chargé de reliques*. C'était un âne qui s'avançait avec majesté, portant une jeune femme en robe de bal, en chapeau extravagant, perdue sous des vagues de dentelles, et faisant éclater au soleil des colliers et des bracelets à éblouir la reine de Golconde ; je n'en avais jamais tant vu.

« Qu'est-ce que c'est que cela ? » dit Anna tout offusquée. Cependant l'âne avançait toujours sans rien perdre de son air magistral. Quand la jeune femme fut au bas de l'escalier, elle me dit de

l'air du monde le plus engageant: « Monsieur, voulez-vous me donner la main? » Anna me retira la sienne par un mouvement de jalousie. Je voulus d'abord la lui reprendre, mais je fus entraîné comme par un vertige au bas de l'escalier. Un palefrenier s'était précipité au-devant de la nouvelle venue. Elle lui donna la bride de son compagnon de voyage, et descendit sans façon dans mes bras. J'étreindrais aujourd'hui toute vivante la Vénus de Milo sans éprouver une pareille émotion. Je ne voyais plus clair, et Anna me demanda pourquoi j'étais si pâle. Le maître de la maison était revenu sur ses pas, voyant des places vides à la table. Il ne fut pas moins surpris que moi de voir apparaître une nouvelle figure.
« Monsieur, lui dit la dame à brûle-pourpoint, vous voyez une voyageuse qui va en pèlerinage à Notre-Dame de Liesse. Rassurez-vous, je ne suis pas tout à fait une sainte du calendrier. On m'a dit à A—s que c'était fête aujourd'hui chez vous, que vous étiez l'homme du monde le plus galant, que les étrangers étaient admis à visiter les ruines de votre abbaye... — Les étrangers, dit l'amphitryon, mais les étrangères! Avec des yeux comme les vôtres, vous allez mettre le feu aux quatre coins de ma maison. — J'y compte bien, monsieur. — Voulez-vous me dire, madame, à quelle princesse j'ai l'honneur de parler? — Monsieur, je ne suis qu'une princesse de théâtre, je joue la comédie quand je ne vais pas en pèlerinage, et je me nomme madame Danglemont quand je ne me nomme pas Hyacinthe. »

« Le maître de la maison ne savait quel parti prendre. Ses convives l'attendaient; il lui fallait, sans perdre de temps, accueillir cette femme ou la mettre à la porte. Mais, déjà sous le charme de cette fille d'Ève qui montrait de si belles dents, il lui donna le bras, et, sans plus de pourparlers, il la conduisit dans la salle à manger. Il se fit un silence éloquent qui ne troubla pas cette femme, mais qui troubla M. de L—y. Par un regard rapide, sa femme lui fit comprendre qu'il venait de faire une fausse entrée. Il n'osa prier les convives de se déranger, et conduisit mademoiselle Hyacinthe à la place réservée à Anna. « Eh bien, me dit celle-ci, voilà qui est parfait, elle a pris ma place dans votre cœur, et la voilà qui prend ma place à table! — Où est donc le jeune Arsène Houssaye? » dit M. de L—y. Et il me surprit à la porte de la salle à manger. Il me fit signe de venir; après quoi il alla se remettre en face de sa femme, qui lui demanda sévèrement où il allait placer Anna.

« Anna, dit-il, qu'est-ce que cela lui fait? c'est une écolière qui aime mieux courir les buissons. »

« Anna avait déjà disparu pour cacher ses larmes; moi, tout en regrettant d'abord de ne la pouvoir suivre dans le parc, je venais de m'asseoir près de Hyacinthe; mais tel était le charme pénétrant de cette aventurière pour un écolier de seize ans, que bientôt je m'enivrai de sa présence comme la phalène s'enivre de la lumière, comme le vigneron s'enivre de la grappe qu'il foule, comme le poëte s'enivre de sa muse. Elle répandait un trop vif parfum de patchouli, mais elle répandait en même temps je ne sais quelle verte odeur de jeunesse, car, tout épanouie qu'elle fût déjà, elle était jeune encore: le matin de la vie rayonnait sur son front. Elle avait des bras admirables, bien moins ornés par ses bracelets que par ses mains, qui paraissaient d'autant plus blanches en face de toutes ces mains provinciales un peu brûlées par le soleil. Elle était plus belle par la physionomie que par la ligne. Elle avait même le nez légèrement retroussé, mais qui a songé à condamner le nez de Roxelane ou de Cléopâtre? La flamme de ses yeux semblait agiter ses cils. Elle avait la chevelure des Vénitiennes, ces femmes brunes qui se font dorer par le soleil.

« Son autre voisin était un procureur du roi, qui craignit de compromettre sa cravate blanche en causant beaucoup avec elle, ce qui me valut ses bonnes grâces pendant tout le dîner; mon genou touchait son genou; elle me parlait de Paris avec l'enthousiasme des Parisiens, qui, après huit jours d'absence, ont déjà le mal du pays. J'avais le cœur mordu, Anna était bien loin.

« Mais vint le dessert, le procureur du roi s'enhardit, je fus presque délaissé. Quand elle vit que l'heure était venue de mettre en campagne toutes les troupes légères de sa coquetterie, elle multiplia ses sourires et ses œillades. Elle fut extravagante, spirituelle, imprévue; elle eut pour les femmes mille chatteries adorables. Toute la table tomba sous le charme de cette autre Circé, comme si elle eût versé un philtre dans le vin de Champagne. « A la plus belle! » s'écria M. de L—y en portant le premier toast; et tout le monde se tourna du côté de Hyacinthe. « La plus belle, dit-elle en levant sa coupe vers la maîtresse de la maison, la voilà! » C'était la dernière conquête à faire, elle la fit.

« Je ne saurais redire tous les gais propos et toutes les folles paroles qui coururent sur la nappe. Moi seul j'étais triste, parce que je prenais malgré moi au sérieux cette vision qu'il fallait toucher des lèvres, mais qu'il ne fallait pas appuyer sur son cœur. Plus elle allait, et plus elle éclatait en séductions. Elle racontait son voyage à Notre-Dame de Liesse avec toutes sortes d'impertinences voltairiennes ; rien n'était plus drôle que l'histoire de son âne ; elle l'avait acheté à Semilly, tout exprès pour aller à Notre-Dame de Liesse, mais le pèlerin ne voulait pas aller de ce côté-là, et il avait tous les caprices d'un âne bien né.

« Enfin on sortit de table et on se répandit dans le parc. Je ne quittai pas Hyacinthe plus que son ombre. Elle me trouvait trop jeune, et peut-être elle comptait bien s'assurer une autre conquête, mais elle avait toujours par habitude de coquetterie un sourire pour moi.

« Au détour d'une allée, comme nous étions un peu masqués par des dahlias, elle me passa familièrement le bras autour du cou et me demanda si j'étais amoureux d'elle. J'essayai de l'embrasser ; elle s'enfuit en me jetant un dahlia à la tête ; je voulus lui jeter mes baisers, mais elle courait trop vite ; je lui saisis la main à travers une treille ; elle approchait ses dents d'une grappe à peine mûre et elle mordit un peu mes lèvres ; après quoi elle fit une pirouette qui la jeta dans les bras du procureur du roi, car lui aussi comptait sur les hasards des détours d'allées. J'étais furieux ; si j'avais pu improviser un duel, quelle bonne leçon d'armes j'aurais prise en me battant avec mon rival !

« Je rencontrai Anna, qui se mit à chanter en me voyant, comme si elle n'avait que cela à faire. J'allai à elle, mais elle se détourna fièrement. On rentra bientôt pour ouvrir le bal. Tous les violons des villages voisins avaient été appelés au château ; ils préludèrent par des motifs de la *Muette de Portici*. Aussi, comme je retrouve mes seize ans quand je vais à l'Opéra me cacher au fond d'une loge, pour entendre avec des battements de cœur les airs déjà vieux et toujours jeunes de ce chef-d'œuvre apporté par les brises de Procida et du Pausilippe !

« Je fus du premier quadrille ; je me trouvai, sans l'avoir cherché, en face de Hyacinthe. Une des sœurs d'Anna m'avait prié d'ouvrir le bal avec elle. Mon père m'avait donné un maître de danse en même temps qu'un maître de violon ; mais mon vrai maître de danse, ce fut Hyacinthe : je compris, en la voyant, que la danse n'a pas de grammaire, que c'est une inspiration donnée par la musique.

Jamais Elssler, Cerrito, la Rosati, ne m'ont paru plus légères, plus folles et plus lascives que Hyacinthe s'abandonnant à tous les caprices d'une Parisienne qui amuse des provinciaux. Elle commença d'ailleurs par un grand air de dignité, comme eût fait Diane de Poitiers dansant la *Romanesca;* mais peu à peu elle reprit ses habitudes théâtrales. Elle finit par s'abandonner à tous les souvenirs du bal de l'Opéra.

« C'était au temps où la danse avait pris sés coudées franches et avait rejeté les lois de la césure comme les vers romantiques. Aussi quels écarts ! quelles métaphores ! quelles folles rimes ! C'était charmant sans qu'on sût où était le charme. La société était bien un peu scandalisée, quoiqu'elle se laissât entraîner à son insu par les séductions irrésistibles de cette femme, qui était venue comme la tempête tout bouleverser à son passage. On était toujours sur le point de la condamner, mais elle était si belle, et on lui trouvait tant d'esprit ! On n'était pas précisément à l'hôtel Rambouillet. On pardonnait tout à cette Sophie Arnould de rencontre, sauf à la mépriser le lendemain. On était en un jour de fête, et on prenait le plaisir sous quelque figure qu'il se présentât. Vers minuit cependant, si un voisin de campagne se fût présenté au château et qu'il eût entrevu, même de loin, ce galop orageux qui nous emportait tous, il aurait cru à une ronde fantastique, peut-être au sabbat.

« C'était moi qu'elle avait choisi pour ce dernier galop, non pas sans doute à cause de mes déclarations galantes, mais parce que, de tous les danseurs, j'étais le seul qui se fût mis à son diapason ; ma timidité avait pris le diable au corps, j'étais très-heureux de me sentir emporté par elle, mes lèvres effleurant ses cheveux dans cet infernal tourbillon où j'aurais voulu m'abîmer dans un cri d'amour; mais, quand les joueurs de violon donnèrent leur dernier coup d'archet, tout fut fini ! Mon père me rappela à moi-même et me fit toucher la terre du pied en me disant qu'il était temps de partir. « Partir ! » murmurai-je tout dépaysé. Il me regarda avec sa figure sévère. C'était le dernier mot de cette belle comédie. La toile tomba, et je m'en allai comme le premier spectateur venu, moi qui avais joué le rôle de l'amoureux.

« La plus belle nuit succédait à la plus belle journée. Les étoiles chantaient leurs poëmes nocturnes. Quand nous traversâmes la forêt, j'y respirai avec délices la verte odeur des chênes. Déjà j'étais un peu moins ensorcelé, comme si l'air vif m'eût dépouillé de toutes les émanations voluptueuses de Hyacinthe. Son image, qui m'avait suivi avec toutes ses séductions, s'effaça peu à peu, et au bout de la forêt je vis reparaître la chaste et plaintive vision d'Anna.

« M. de L—y nous avait dit à notre départ : « Il n'y a pas de belle fête sans lendemain. » Le lendemain, je rappelai ces paroles mémorables à mon père; il craignit que je ne retrouvasse ma maîtresse de danse, et me défendit de retourner à L—y; mais, dès qu'il eut tourné la tête, j'allai sans mot dire seller moi-même mon cheval, et me voilà parti.

« Cette fois, je donnai de l'éperon jusqu'au mors aux dents; je ne sais par quel pressentiment j'avais peur d'arriver trop tard. Pourquoi arrivai-je? A la lisière de la forêt, je vis tout d'un coup apparaître dans l'avenue du château Hyacinthe, assise sur son âne tout comme la veille, mais tournant le dos au château. « Déjà! » pensai-je. Et en quelques secondes je fus devant elle. « Pourquoi partez-vous? lui demandai-je. — Pourquoi? » me répondit-elle avec un air embarrassé. Je remarquai qu'elle était pâle, et que ses yeux n'avaient plus leur éclat. « Où allez-vous? repris-je, comme si je voulais lui demander d'aller avec elle. — Vous le savez bien, je vais en pèlerinage. — Toute seule? — Pourquoi donc pas? je ne vais pas en pèlerinage à Cythère. — Voulez-vous que j'aille avec vous? — Pauvre enfant! » Et elle me regarda d'un air triste. « Non, ne venez pas avec moi, car je ne sais pas où je vais. » Et avec un doux et charmant sourire : « Qui sait, nous nous retrouverons peut-être un jour. » Elle devint plus pâle, et je ne sus que lui dire. « Adieu, me dit-elle, on vous attend là-bas; aussi bien, voilà mon âne qui s'impatiente et va me jouer un mauvais tour. » Disant ces mots, elle me tendit la main et partit.

« J'avançai lentement vers le château, tournant la tête à chaque pas sans rencontrer une seule fois ses regards. Quand j'arrivai au bas du perron, un de mes amis, qui avait passé la nuit au château, vint me dire mystérieusement que M. de L—y venait de chasser Hyacinthe. « Chasser Hyacinthe! m'écriai-je tout révolté. — Oui, et il y avait bien de quoi. — Que s'est-il donc passé? — Il s'est passé ceci : que ce matin, quand l'alouette a chanté, mademoiselle Hyacinthe et le procureur du roi se sont rencontrés dans le parc, comme Daphnis et Chloé. — Après la lettre! dis-je en cachant mon émotion. Eh bien, le procureur du roi pourra lui-même instruire cette affaire. »

« Mon ami me conta ensuite que cet intrépide procureur du roi avait pris, sans dire adieu, la clef des champs. M. de L—y avait dit à Hyacinthe : « Madame, votre âne vous attend; oubliez que vous vous êtes trompée de porte en venant ici. » Hyacinthe s'était récriée sur cette incroyable hospitalité; mais M. de L—y n'avait pas voulu parlementer : la belle était partie sans les honneurs de la guerre, et voilà pourquoi je l'avais rencontrée si pâle dans l'avenue.

« C'en était fait du lendemain de la fête. Cette aventure avait rembruni tous les visages. On se regardait avec défiance ; tout le monde se reprochait d'avoir été trop facile à cette bohémienne ; on ne lui trouvait déjà plus ni esprit ni beauté.

« Je n'osais plus parler à Anna, tant je me sentais enveloppé par les embrassements de cette femme, dont le souvenir m'agitait encore avec violence; mais j'étais si triste, qu'Anna vint d'elle-même reprendre la conversation juste au point où nous l'avions brisée la veille : « Voyons, me dit-elle gaiement, mais sans toutefois masquer sa mélancolie, qu'est-ce que vous lisez dans ma main? » Je la regardai avec l'enthousiasme d'un religieux amour : « Je lis que je vous aime, » lui dis-je. Et, emporté par mon cœur, quoique nous ne fussions pas seuls, j'appuyai mes lèvres sur ses cheveux. « L'orage est donc passé? me dit-elle en rougissant. — Oui, m'écriai-je en l'entraînant à la fenêtre; voyez plutôt comme le ciel est bleu ! »

« Quinze ans après, au Théâtre-Français, on m'annonça une dame voilée qui demandait à lire une comédie et à débuter. Elle entra, un manuscrit à la main, et me parla ainsi après avoir soulevé son voile : « Monsieur le directeur, j'ai étudié l'emploi des reines de tragédie. J'ai lu les préceptes de Lekain et de mademoiselle Clairon. — Avec un nez retroussé, lui dis-je pour l'interrompre, car je voyais bien qu'elle avait préparé tout un discours. — Mais mademoiselle Rachel n'a pas un nez cornélien, et je vous jure que mon nez ne fait pas mal en scène. — Eh, mon Dieu ! m'écriai-je avec quelque surprise, je vous reconnais. — Vous me reconnaissez, c'est impossible, dit-elle tristement, car je ne me reconnais pas moi-même; moi aussi, j'ai joué Chimène et Hermione. — Madame, si je ne me trompe, j'ai valsé il y a quinze ans avec vous, un soir que vous alliez en pèlerinage. J'aurais bien joué Roméo cette nuit-là, si vous n'aviez joué Juliette au bénéfice d'un autre. — Je ne me souviens pas. »

« Et elle me regardait d'un air surpris. Je lui sus gré de me laisser dans le doute. Je n'osais plus l'interroger. Elle reprit ainsi : « J'ai débuté aux Variétés, j'ai joué à l'Odéon, j'ai couru la province et l'étranger. — Est-ce que vous n'avez jamais joué sous le nom de mademoiselle Hyacinthe? » Elle ne me répondit pas, soit qu'à force de changer de nom elle eût oublié un de ceux qu'elle avait pris, soit qu'elle craignît de rappeler le temps et les passions où elle portait ce nom-là. « Je ne pense pas, reprit-elle, vous avoir jamais rencontré. » Et elle me regardait, et je la regardais. « Attendez, me dit-elle, je me souviens... — Non, dis-je en l'interrompant, je me trompais tout à l'heure. » Je voulais et je ne voulais pas reconnaître mademoiselle Hyacinthe. « J'arrive de Moscou, poursuivit-elle. J'ai joué la tragédie partout, excepté à Paris. Je veux débuter dans Agrippine. Je ne joue pas seulement la tragédie, je joue les grandes coquettes ; j'ai même écrit une comédie... »

« Heureusement mademoiselle Rachel entra et m'appela dans l'embrasure de la fenêtre. Je saluai mademoiselle Hyacinthe en prenant son manuscrit et en la priant de revenir, pour avoir le droit de la mettre à la porte. « Quelle est cette belle dame? me demanda mademoiselle Rachel. — C'est une tragédienne que je n'avais pas vue, je crois, depuis quinze ans. — L'imprudente! elle ose se montrer après une pareille parenthèse! »

« Elle revint le lendemain, mais je ne voulus pas la recevoir. J'étais déjà furieux de l'avoir vue une fois. Elle m'avait presque gâté un de mes plus vifs souvenirs. La jeunesse a des visions qu'il ne faut pas toucher des mains. Quand nous avons vingt ans, toutes les femmes sont pour nous des gravures avant la lettre ; mais, si nous les revoyons vingt ans après, les Marc-Antoine ou les Rembrandt sont des épreuves grossières qui ont perdu toute la fraîcheur, tout le relief et toute la poésie de la gravure.

« Je n'ai pas lu jusqu'au bout la comédie de la comédienne. C'était assez follement spirituel, en prose bonne à mettre en vers. Elle ne revint pas, mais elle m'écrivit qu'elle demeurait à l'hôtel des Princes. Je n'y allai pas. Elle m'écrivit une seconde fois pour me dire qu'il n'y avait rien à attendre d'un pays où l'art était méconnu; en conséquence, elle partait pour le Sacramento. Elle était encore assez belle pour monter là-bas sur la roue de la fortune. Quoi qu'il lui arrive, — si c'était elle ! — elle ne sera jamais si riche qu'au temps où ses cheveux d'or ruisselaient sur ses épaules de marbre rosé ! »

IV

Arsène Houssaye a la prétention de tout savoir sans avoir rien appris, — ou plutôt il a la prétention plus prétentieuse de ne rien savoir, — et c'est pour son usage qu'il a écrit cet aphorisme profond : « *Apprendre, c'est perdre.* » Il n'a guère étudié qu'en plein vent. Le collége lui a toujours paru une vraie tour de Babel. Cependant il avait seize ans, il se fit soldat pour prendre Anvers ; il ne prit que lui-même, car il était trop tard. Il revint sous le toit natal. Que faire avec cet esprit inquiet et indisciplinable ? Que faire ? Son père le poussait à l'esprit des lois ; mais il aimait mieux suivre les lois de l'esprit que l'esprit des lois. Arsène Houssaye commença par la charrue ; il est vrai de dire qu'il faisait plus de vers que de sillons. Il était à son aurore poétique, cette belle et souriante aurore qui prend les couleurs de l'amour. Je me représente le poëte suivant les chevaux laborieux sans les conduire, écoutant chanter l'alouette, écoutant chanter son cœur, et arrivant, tout étonné, au bout du champ. Si la glaneuse venait à passer sur son chemin, sans doute il croyait voir Ruth et lui jetait une gerbe sur l'épaule.

Tout alla bien pendant quelque temps ; mais le père ne tarda pas à s'apercevoir que son jeune laboureur avait des mains trop délicates pour continuer ce rude métier. « Eh bien, mon père, vous avez là, tout près de la ferme, un vieux moulin pittoresquement juché sur la montagne ; c'est une charmante retraite pour un rêveur comme moi. Rembrandt a conduit le moulin de son père, Van Dyck a dérangé le moulin de sa maîtresse : laissez-moi gouverner le vôtre. D'ailleurs, le moulin tourne tout seul ; je me pencherai à la lucarne, je me croirai dans la meilleure stalle du meilleur de tous les théâtres! N'aurai-je pas devant moi le spectacle de la création? » Il alla donc s'enfariner.

> D'un vieux moulin à vent j'avais la dictature.
> Comme un fier nautonier, que de fois j'ai bravé
> Les orages du cœur et ceux de la nature,
> Qui, dans leurs bras d'air vif, m'ont si haut soulevé!
> J'aimais le vieux moulin et son architecture
> Comme un pays perdu, comme un pays rêvé.
>
> Un moulin, direz-vous, par quelle fantaisie?
> Sachez donc que j'étais misanthrope à seize ans.
> Les moulins ont souvent logé la poésie :
> Rembrandt y médita; Van Dyck, tout un printemps,
> Y vécut amoureux d'une blanche Aspasie;
> Coucy pour sa beauté s'enfarina longtemps.
>
> J'étais seul, libre et fier dans ma docte retraite.
> Je n'avais rien à faire, et mon maître Apollon
> Avait tout doucement guidé ma main distraite
> Vers l'archet oublié d'un pauvre violon,
> Qui se mit à chanter d'une voix indiscrète
> Que j'aimais une fille habitant le vallon.
>
> Elle vint au moulin montrer sa beauté fraîche.
> Ah! je la vois encor qui monte l'escalier.
> Je cours à sa rencontre, et, pour la battre en brèche,
> Cette agreste vertu, qui sentait l'espalier,
> Je lui baise le cou ; mais la voilà qui prêche,
> Qui se fâche, et s'enfuit vers le prochain hallier.

Mais on était en 1852; on croyait à une ère nouvelle. Il s'élevait tous les jours à l'horizon un dieu nouveau. « Il faut, dit le poëte, que j'aille saluer tous ces dieux en habit à la française. » Comment partir malgré sa famille? Comment partir en voyant les larmes de sa mère et les larmes de sa sœur? Il partit une nuit, sans mot dire, sans argent, sans malédiction sans doute, mais sans bénédiction. Le voilà donc en chemin, mais dans quel chemin! Le jour venu, il jeta un dernier regard d'adieu aux ailes du vieux moulin. Il venait peut-être de fuir à jamais le bonheur en fuyant ce doux horizon du pays natal. Il en était là de ses premiers regrets quand il vit descendre de la montagne un mauvais char à bancs traîné par deux rossinantes, suivi d'une troupe de comédiens ambulants de toutes les façons et de toutes les couleurs. C'était la seconde édition du

Roman comique. Un des plus huppés de la troupe vint boire à la fontaine. « Nous avons bu dans le même verre, dit Arsène Houssaye, soyons amis. Un poëte et un comédien peuvent parcourir le même chemin. Où allez-vous ? — Je ne sais pas, dit le comédien philosophe. — Puisque nous allons au même endroit, reprit Arsène Houssaye, nous pouvons faire la route ensemble. »

Je ne veux pas, en quelques traits, défigurer un très-vif et très-lumineux tableau de sa vie avec les comédiens sans souci. Ce *Roman comique*, il l'a conté avec beaucoup de gaieté. Dans toutes les troupes de comédiens, il y a une Mignon ; là encore il y en avait une. Mignon, c'est toujours la sœur du poëte. Ils sont du même pays, c'est-à-dire qu'ils cherchent le pays idéal. Arsène Houssaye et mademoiselle Suzanne, — c'était son huitième nom, — jurèrent de vivre toujours ensemble. — Cela dura huit jours, après quoi le poëte partit pour Paris.

En arrivant à Paris, au mois d'avril 1832, Arsène Houssaye descendit dans un hôtel de la place Cambrai, qui masquait cette autre cour des Miracles de la misère nouvelle, où tous les locataires, moins un, étaient morts du choléra. Le survivant était précisément un poëte extra-excentrique, Paul Van del Heil, qui a fait le tour du monde et qui est resté en route. En voyant un nouveau venu, il poussa un cri de joie : « Vienne encore le choléra dans l'hôtel, dit-il en se frottant les mains, il pourra faire une nouvelle bouchée sans m'atteindre ! »

Ce n'était pas assez de braver la mort ; il fallait braver la vie. Après huit jours passés à rêver dans les musées et sur les quais, Arsène Houssaye n'avait plus un sou. Son compagnon de fortune littéraire n'était pas plus riche. Ils vécurent tout un mois à improviser, pour les chanteuses des rues, des *Chansons à la manière de M. de Béranger*. Heureux, après tout, les poëtes dont les cigales chantent les chansons ! Ils passèrent de la chanson au mélodrame, du mélodrame au roman, sans devenir plus riches. Ils se perdirent de vue au combat du cloître Saint-Merry et ne se retrouvèrent plus. Arsène Houssaye se résigna à étudier le droit ; mais il connut Gérard de Nerval, Théophile Gautier, Roger de Beauvoir, Camille Rogier, Alphonse Esquiros — qu'il parvint à sauver plus tard du conseil de guerre ; — « ils se réunirent et vécurent ensemble, comme dans un conte d'Hoffmann. » Ils ont fondé la bohème littéraire, mais la bohème dorée. C'était au milieu de quelques maisons en ruines, abritées sous une aile du Louvre. Là fut la mère patrie de toutes les bohèmes. Théophile Gautier en a raconté les bonnes fortunes dans la *Revue des Deux Mondes*. Gérard de Nerval a écrit la *Bohème galante*. Arsène Houssaye en a dit quelques mots dans l'*Histoire du quarante et unième fauteuil* :

« Édouard Ourliac venait tous les matins nous voir dans ce royaume de la fantaisie. La plupart du temps il nous trouvait encore plongés dans le sommeil des paresseux et des poètes, qui est à tout prendre le vrai sommeil. Il apportait des *Nouvelles à la main*, — à sa main, — où, Dieu merci ! il n'était jamais question de politique. Nous ne connaissions alors du monde que le Musée du Louvre, les poëtes du seizième siècle, quelques contemporains — quelques contemporaines aussi : — bibliothèque indispensable à des poëtes de vingt ans !

« Nous n'avions pas d'argent, mais nous faisions semblant d'en avoir, et nous vivions en grands seigneurs : nous donnions la comédie. Ces dames de l'Opéra soupaient chez nous vaille que vaille, et daignaient danser pour nous à la fortune de leurs souliers. Camille Rogier avait le tort de se croire à Constantinople. Aussi, quand il a quitté cette bohème invraisemblable, il n'a pu vivre qu'en Orient. Édouard Ourliac était le Molière ou plutôt le Dancourt de la bande. Il était auteur et acteur avec la même verve et la même gaieté. A une de nos fêtes, ces dames le noyèrent, à plusieurs reprises, dans une avalanche de bouquets.

« Tout finit ! la bohème se dispersa peu à peu : Gérard de Nerval partit sans dire — sans savoir où il allait ; Camille Rogier s'exila en Turquie. Notre propriétaire, désespéré d'avoir loué sa maison à des gens qui donnaient des fêtes sans avoir de rentes sur le grand-livre, désespéré surtout des barbouillages de Marilhat, de Corot, de Nanteuil, de Roqueplan, de Wattier, sur ses lambris vermoulus, avait hâte de nous voir tous au diable. Et pourtant, chose singulière ! il n'eut pas besoin de saisir nos meubles pour être payé.

« Jusque-là, les plus poëtes de la bande n'avaient guère été que poëtes en action. On écrivait ses vers çà et là sur le coin d'une table, après souper, ou sur quelque joli *pupitre* à la Voltaire ; mais on ne les imprimait pas. Alphonse Esquiros était le plus laborieux. Il était né pour souffrir toutes les douleurs de l'humanité, grosse de l'avenir, — l'avenir, cet enfant déjà terrible, qui donne à sa mère tant de coups de pied dans le ventre. — Gérard de Nerval était le plus célèbre ; il avait, à son aube poétique, disputé aux contemporains illustres un pan du manteau troué de la renommée.

« L'art moderne a eu son Olympe et sa bohème. Les bohémiens étaient aussi çà et là des dieux, mais des dieux railleurs qui se moquaient de tout le monde, à commencer par eux-mêmes. Toutefois ils avaient en sévère religion l'art moderne, cette arche de salut de l'esprit français, cet horizon tout rayonnant où la vérité nous apparaît, les pieds sur l'herbe humide et le front dans la nue, cette forêt vierge où nous nous sommes tous retrempés comme dans la forêt primitive. »

Il y a dans l'*Anthologie* cette épitaphe d'un poëte : « Ne dites pas que Myron est mort ; dites qu'il dort, puisque sa poésie rêve parmi nous. » On pourrait appliquer cette épitaphe à la jeunesse de M. Arsène Houssaye. Mais le *poëte de la jeunesse et des roses*, comme M. Sainte-Beuve a surnommé M. Arsène Houssaye, est de ceux qui seront toujours jeunes. Il a écrit de très éloquentes pages sous ce titre : *Que la jeunesse est la muse de la vie et que ceux qui ont été jeunes le sont toujours.* « O divine jeunesse ! s'écrie-t-il, vous ne vous donnez, comme toutes les femmes, qu'à ceux qui savent monter jusqu'à vous. Il y en a quelques-uns qui s'imaginent vous connaître, parce qu'en allant à d'autres vous répandez les parfums de votre poésie en passant auprès d'eux. Les aveugles, ils vous dépassent sans vous voir. Ils aiment mieux toucher la main fiévreuse de la fortune que de dénouer sous les fraîches ramées votre ceinture de roses, ô divine jeunesse ! »

M. Arsène Houssaye s'est marié jeune à une jeune fille qui était fille de madame Edmée Brucy, une élève de Prudhon. Chose étrange ! la fille de madame Edmée Brucy semblait détachée de la galerie idéale du grand peintre néo-grec ; c'était la même beauté toute corrégienne. La mère mourut jeune, la fille mourut jeune. Deux fois ce fut un deuil profond dans le monde des arts et des lettres. Madame Arsène Houssaye a prouvé qu'elle eût écrit comme madame de Sévigné, si elle n'avait mieux aimé donner toutes ses heures à ses enfants, et sa mère a signé des portraits que Prudhon eût contre-signés*.

---

* « Ouvrez le tome XX du *Musée des Familles*, et revoyez-y cet hôtel délicieux qui pare le naissant quartier Beaujon. Dans cette demeure prin-

V

M. Arsène Houssaye a l'amour de l'imprévu ; ce qui explique pourquoi il n'a jamais arrangé sa vie ni réglé son talent. Il a commencé par étudier le dix-huitième siècle, ses poëtes et ses peintres (*Revue des Deux Mondes* et *Revue de Paris*); ce que voyant, les petits moutons de Panurge de la critique ont bêlé gravement qu'il ne faisait que des embarquements pour Cythère et des bergeries pour Trianon. Il a fait tout autre chose. Il a écrit des romans passionnés, de savantes études antiques, l'histoire de la peinture flamande, des voyages pleins d'humour, des poésies tout imprégnées du sentiment moderne ; enfin il achève une grande histoire du dix-huitième siècle, où il prouvera, je n'en doute pas, qu'il est un homme du dix-neuvième siècle. Mais je ne veux pas préjuger.

cière de M. Arsène Houssaye, vivait, parmi les fleurs, les ombrages et les eaux jaillissantes, à côté d'un enfant unique, heureux et adoré, une femme toute charmante de jeunesse, de beauté, de grâce et d'esprit, étoile douce et souriante de la littérature, des arts et des salons. Lehmann, Vidal, Clesinger et Jouffroy avaient peint et sculpté son image. Toutes les célébrités de l'intelligence et du monde se groupaient autour d'elle et lui composaient une famille glorieuse. Eh bien, le 13 décembre dernier, nous portions en terre cette autre Ophélia, noyée aussi, en cueillant des bouquets, dans sa vingt-huitième année. L'église de la Madeleine ne suffisait pas au cortége de deuil, où trois cents poëtes, artistes, hommes d'État, philosophes, comédiens, réfléchissaient aux vanités d'ici-bas. Le cercueil croisait sous le porche une robe de mariée. Le drap noir disait à la guirlande blanche : Voilà où tu marches ! Notre premier théâtre avait fait relâche, et était là tout entier dans la nef. Les reines de Corneille et de Molière pleuraient sous le crêpe, à l'ombre d'un pilier ; et, les huit jours suivants, chacun regardait avec un frisson la loge directoriale vide, où madame Arsène Houssaye penchait naguère sa jolie tête couronnée de fleurs. » — *Musée des Familles*, janvier 1855. —

Dans tous les livres qu'il a signés, ce qui frappe de prime abord, c'est un air original qui va quelquefois trop loin, par exemple, jusqu'à la personnalité, ce qui n'est pas précisément la même chose. Il ne parle jamais de lui—quand il parle; mais quand il écrit il se met trop facilement en scène. Il est vrai qu'il est poëte et voyageur.

M. Arsène Houssaye a eu le baptême de la critique pour tous ses livres, même pour les mauvais; car lorsqu'il se trompe il est encore curieux à étudier. Il ne s'est pas trompé dans son *Histoire de la peinture flamande*.

« Avec ce livre, a dit M. Félix Pyat, vous pouvez vous promener désormais dans cette galerie du Louvre, si touffue, qui s'appelle l'école flamande et hollandaise; vous ne vous y perdrez plus. L'historien vous montre et vous explique tous ces noms, tous ces sphinx; il vous peint tous ces artistes d'après nature et dans leur propre style, avec les proportions voulues par l'importance de chacun, faisant un portrait ici, là une esquisse; naïf, austère et fervent comme Van Eyck, Hemling et Lucas de Leyde, écarlate comme Rubens, cavalier comme Van Dyck, philosophe comme Rembrandt, rêveur comme Ruysdaël, positif comme Téniers, scrupuleux et suave comme Terburg et Metzu, gracieux et fleuri comme Van Huysum, et toujours fidèle, toujours exact, toujours vrai, ayant réuni le dessin et la couleur, l'idée et l'expression; aussi poëte en racontant les amours de Rubens et de Téniers que penseur en expliquant le naturalisme des peintres flamands et hollandais. »

Il est superflu de parler beaucoup de livres qui sont dans les mains de tout le monde en France et à l'étranger, et de quelques-uns qui ne sont plus dans les mains de personne *. Si le dix-hui-

---

* Voici, année par année, les travaux du poëte et du prosateur:

1836. La *Couronne de bluets*, un roman railleur et insensé.
1837. La *Pécheresse*. — Livre inconnu, dont madame de Girardin disait beaucoup de bien et beaucoup de mal.
1837. Les *Aventures galantes de Margot*, roman rustique à la manière de *Daphnis et Chloé*.
1837. Le *Serpent sous l'herbe*, un roman de pacotille, prétentieux et boursouflé.
1838. La *Belle au bois dormant*, une héroïne shakspearienne couronnée des roses sanglantes de la Terreur.
1838. Premiers portraits du dix-huitième siècle dans la *Revue de Paris*, *L'Artiste* et la *Revue des Deux Mondes*.

tième siècle n'existait pas, M. Arsène Houssaye l'eût inventé.
M. Théophile Gautier, qui s'y connaît, a dit, des *Portraits du dix-huitième siècle*, que c'étaient autant de petits chefs-d'œuvre qui resteraient. « Personne n'ignore, a écrit M. Alphonse Esquiros, avec quel goût charmant M. Arsène Houssaye alla cueillir les pâles violettes du souvenir dans les champs oubliés de l'histoire et de l'imagination. Les jolis portraits ! j'allais dire les jolies figures, car le peintre a su redonner aux têtes, tout à la fois folles et pensives du dernier siècle, les couleurs de la vie. On n'a pas oublié son étude sur Voltaire; c'est de la philosophie écrite par un poëte. M. Arsène Houssaye a montré, dans ses tableaux sur le dix-huitième siècle, qu'il avait la main assez ferme et l'esprit assez profond pour tou-

1839. Voyages en Hollande et en Italie.
1840. L'*Arbre de la science*, conte attribué à Voltaire, mais que Voltaire n'eût pas reconnu. — Romans dans la *Presse*.
1841. Les *Sentiers perdus*, première édition, où l'on trouve un poëte et pas beaucoup de poésie, ou plutôt beaucoup de poésie et pas beaucoup de vers.
1842. *Galerie de portraits du dix-huitième siècle*. Ce livre, beaucoup réimprimé et beaucoup traduit, a valu à l'auteur autant de croix qu'il a eu d'éditions.
1843. Les *Revenants*, avec M. Jules Sandeau.
1844. Direction de *L'Artiste*. Ce recueil renferme, de 1844 à 1856, un grand nombre d'études sur les arts anciens et modernes signés Arsène Houssaye.
1845. La *Poésie dans les bois*. — Romans dans le *Constitutionnel*.
1846. Voyages. — Les *Trois Sœurs*.
1847. *Histoire de la peinture flamande et hollandaise*, éditions in-folio et in-8°.
1848. Études politiques et historiques.
1849. Direction du Théâtre-Français — de 1849 à 1856. —
1850. *Sapho*, drame antique en trois actes. — La *Vertu de Rosine*.
1851. *Philosophes et Comédiennes*. — La *Peinture française sous Louis XV, Louis XVI, la République et l'Empire*.
1852. Les *Filles d'Ève*. — *Voyage à ma fenêtre*.
1853. *Poésies complètes*. — Le *Repentir de Marion*.
1854. Le *Violon de Franjolé*.
1855. *Histoire du 41ᵉ fauteuil de l'Académie française*. (Quatre éditions.)
1856. *Voyages humoristiques*. — Amsterdam. — Paris. — Venise. — Les *Femmes comme elles sont*.
1857. *Histoire du dix-huitième siècle*. (Le premier volume est sous presse.)

cher à tous les sujets. La raison n'en est pas moins la raison, quoiqu'elle se couronne çà et là de fleurs des bois, et qu'elle dédaigne d'un pied moqueur les routes ennuyeuses. »

Quel livre plus charmant que *Philosophes et Comédiennes?* On se demande à chaque page si c'est un philosophe ou une comédienne qui l'a écrit.

Nul n'a mieux dit le charme d'avril de ses poésies qu'un autre poëte, mon ami Philoxène Boyer, qui écrivait ce jour-là avec la plume d'or de ses vingt ans :

« L'Hymette ! ce n'est pas au hasard que je prononce ce nom à propos de M. Arsène Houssaye. Plus qu'aucun de notre époque, il a ce qu'Horace appelait, dans sa langue transparente, *spiritum Graiæ tenuem Camœnæ*. Il n'est pas Grec, à mon sens, seulement parce que, dans ses *fresques et bas-reliefs*, il a refait, avec mille rhythmes, avec mille variétés, avec mille adresses, les toiles de Zeuxis et les marbres de Praxitèle ; il y aurait sans doute à admirer déjà ces innombrables ressources du vers, qui sait raconter l'œuvre du peintre et le marbre du sculpteur, sans recherche, sans dureté prétentieuse, et aussi sans surcharge d'ornementation byzantine. M. Arsène Houssaye, malgré le caractère profondément moderne de sa sensibilité rêveuse, malgré les spirituels détours où s'égare parfois sa causerie tout à fait française, me paraît, en plus d'une rencontre, comme un continuateur de Théocrite avec un grain d'Anacréon. Il y a telle petite pièce de douze vers venue, on le sent, d'un seul jet, *à l'étoile du moment*, comme dit le Wagner de *Faust*, et qui, cependant, par son tour symbolique et les traits inattendus dont elle fourmille, donne à songer encore plus à la vingtième lecture qu'à la première. On y voudrait la signature d'un Moschus ou d'un Méléagre. Dans la littérature de ce siècle, j'oserais à peine en rapprocher les lieds les plus exquis de Ruckert et de Gœthe. Dans sa subtilité passionnée et dans son vif agrément, il me représente merveilleusement le plus pur des poëtes de l'antique Anthologie. Peut-être bien il s'arrête à mi-côte du Parnasse ; peut-être, comme ce chasseur du vieux temps partant le matin pour chasser un sanglier, il revient le soir au gîte avec beaucoup de cigales. Mais qu'importe ? si les cigales sont les filles de celles qui chantaient pour Bathylle, et si, tout à côté, bourdonne au creux de la ruche le chœur émerveillé des abeilles !

« Ce qui étonne à lire le volume de M. Arsène Houssaye, c'est cette simplicité qui de tout fait son profit; c'est cette horreur du convenu qui, à chaque fois qu'il prend la plume, lui entr'ouvre un nouvel horizon. Ses pièces, que, par une heureuse imagination, il dédie successivement à tous les chefs de cette sainte phalange de l'art dont il est lui-même par tant de qualités supérieures, ses pièces, dis-je, portent, celle-ci le nom d'Homère et celle-là le nom de Watteau; l'une s'abrite sous la recommandation de Platon, et celle-là se vante d'être la petite-fille de Voltaire. A coup sûr, le poëte doit rire de nos prétendus romantiques, qui, tous, se sont fait une méthode exclusive et y ont obstinément persisté; lui, l'artiste capricieux, qui aime et qui a su chanter à la fois les humbles intérieurs et les larges horizons, les avenues des parcs royaux et les feuillées épaisses de la modeste villa, les paysannes au sein libre et les grandes dames à l'étroit corset; lui qui connaît à la fois le Parthénon et la Folie-Soubise; lui qui a su concilier ces deux extrémités si diverses : l'amour senti du dix-huitième siècle et l'adoration profonde de la nature! Il n'est pas monté, au premier départ, sur le navire qui emportait en leur croisade les romantiques, ces nouveaux Argonautes, à la conquête d'une autre toison d'or; mais, sur sa felouque solitaire, il est parti plus tard, cherchant le même but par une autre route, et, comme Dieu protége les généreuses entreprises, M. Arsène Houssaye a conquis, durant les hasards de la traversée, un trésor qui a échappé aux sublimes découvreurs, un peu trop entêtés de leur grandeur : c'est le naturel et le charme que je veux dire. »

L'*Histoire du quarante et unième fauteuil* a donné à l'auteur droit de cité parmi les quarante; mais il n'en abusera pas. Quel beau tour de force que tous ces discours que l'auteur fait prononcer à ces grands hommes du quarante et unième fauteuil, depuis Descartes jusqu'à Béranger! Je ne sais ce qu'en ont pensé les morts*; mais je veux rappeler que Béranger a été si content de sa chanson : *Béranger à l'Académie*, qu'il est allé embrasser M. Arsène Houssaye en lui disant : « La chanson est-elle de vous ou de moi? »

---

* « On dirait de ces portraits qui sont plus ressemblants que les originaux. L'historien fait parler ses figures en vers comme en prose; Désaugiers chante un couplet qui résume toute la philosophie des péripaté-

VI

Arsène Houssaye a eu son quart d'heure d'homme politique : c'était quelques mois avant la Révolution de février, au temps des banquets. Les étudiants de son pays lui vinrent offrir la présidence de leur banquet. Voici le discours qu'il prononça, armé d'un verre de vin de Champagne :

« Le vrai président de notre banquet, c'est la Fraternité ; c'est aussi l'esprit champenois, qui n'est plus l'esprit des bêtes. Notre pays a marqué victorieusement sa place à Paris. Je ne veux pas faire un cours d'histoire, mais je dirai en passant que la poésie, l'art, la science et la politique, ont toujours eu de très-hauts représentants sur notre sol. Nos grands hommes, on ne les compte pas.

« Est-il un pays de si peu d'espace, à part les capitales, qui ait

ticiens d'Académus, un verset qui a été oublié par Salomon, et qui sera gravé un jour sur la tombe universelle des académies ; nous le citons :

> Je désapprends mon latin
> Sur deux lèvres roses,
> Et n'aime soir et matin
> Que l'esprit des roses.

« Le grand sage avait dit : « Excepté l'amour et la tendresse, tout est « vanité. » Et le poëte, auteur de cette pensée adorable, était le seul académicien de son temps ; il connaissait tout ; il savait tout ; il avait tout étudié, *depuis le cèdre jusqu'à l'hysope* ; et, quand il eut atteint l'apogée de la science, il laissa tomber sur son travail surhumain un regard de tristesse et de mépris, et, roulant dans ses doigts les cheveux noirs de la belle Sulamite, il les nomma académiciens, et s'en tressa la seule couronne qui ne soit point une vanité. » — Méry. —

bercé de pareils enfants? C'est d'abord Saint-Remy, l'apôtre des Gaules. Quand les rois étaient seuls célèbres, trois ou quatre rois de France sont nés là-bas. Je ne compte pas Frédégonde. Après les rois, c'est le règne du peuple. La première commune affranchie, c'est Laon. — Qui vive? s'écria Louis le Gros. — Ce n'est plus le roi, c'est le peuple! lui répondit-on du haut de la tour de Louis d'Outre-mer. Fallait-il aller combattre en terre sainte, notre pays envoyait un roi à Jérusalem. La philosophie est née à Laon. Abeilard y étudia vingt ans avec Anselme, dont l'étoile illumina la nuit qui couvrait alors le monde. C'est là aussi que rêva Bodin. Saint-Quentin cite avec orgueil Ramus, qui a grandi pour la philosophie, en dévorant le pain amer de la pauvreté. La féodalité a ensuite marqué si victorieusement son empreinte, que la tour de Coucy rappelle aux voyageurs, après tant de révolutions, la devise insolente des sires de Coucy. Et les Guise! et les comtes du Vermandois! et tous ces hauts et puissants seigneurs, dont le joug du moins était d'or! Saluons le seigneur de Vignolles, ce grand homme de guerre qui chassait les Anglais avec Jeanne d'Arc, ce noble La Hire, à qui nous ne demanderons pas, comme à Rodrigue : « La Hire, as-tu du cœur? » Les anciens ont-ils un La Fontaine à nous opposer? c'est le génie à sa source vive. Et Racine, la passion et l'orgueil d'un grand siècle trop pompeux! Et le duc de Saint-Simon, grand seigneur et pourtant grand philosophe! Et La Tour, le seul historien du dix-huitième siècle par ses merveilleux pastels. Messieurs, n'oublions pas un poëte qui est un peu de notre pays, un poëte qu'on chante partout et devant lequel nous ne passerons pas en silence : le vin de Champagne!

« Mais quel est celui qui meurt là-bas pour ses idées? C'est un philosophe antique venu jusqu'à nous : le marquis de Condorcet. Non loin de lui saluons Camille Desmoulins; Camille Desmoulins, homme d'action pour abattre la Bastille, homme de pensée pour créer une France libre; homme de cœur, puisqu'il est mort pour avoir pleuré sur les autres. C'était Dieu qui, de ses mains invisibles, conduisait les mains visibles des apôtres de 1789. Quel est celui qui vient à nous, beau comme un marbre antique, éloquent comme le tonnerre et comme l'Évangile? C'est Saint-Just, apôtre terrible et impitoyable comme la logique. Saint-Just, président de la Convention à vingt-six ans, avait la sainte et périlleuse mission de conduire un lourd navire dans la tempête. Il voyait à l'horizon le radieux soleil du monde futur, mais les éclats de la foudre l'aveuglaient sur les angoisses des passagers.

« Dieu ne donne pas toujours le génie, mais Dieu donne toujours le cœur. Conservons notre cœur si nous voulons rester des hommes; car, si on n'y prend garde, c'est par le cœur que la France sera déclarée en faillite.

« Nous porterons un toast à la fraternité : un ami, c'est un frère. Puissions-nous, dans cette communion des cœurs, étendre l'horizon de notre esprit. Si Caïn n'avait pas tué Abel, le monde eût réalisé le rêve de Dieu, qui était tout amour.

« La liberté est une conquête du dix-huitième siècle; elle est en nous et nous vivons en elle. Mais la fraternité doit être notre conquête! Que la fraternité soit le parfum pénétrant de ce vin, ce poëte de notre pays, qui garde en lui les plus vifs rayons du soleil. Hoffmann disait : « Je suis joyeux autour de la table à boire, comme le chevreuil altéré qui saute autour de la fontaine. » Soyons joyeux, soyons jeunes, soyons frères ! »

Ce discours, qui fit boire beaucoup de vin de Champagne, faillit détourner le poëte de sa vraie destinée, qui est d'écrire, et non de prêcher. Il devait être alors nommé professeur d'esthétique au collége de France. On ne le nomma pas sur cet échantillon, car on ne prêche pas encore dans ce style au collége de France. M. Arsène Houssaye est blond, mais c'est un blond de Venise.

Vint la Révolution de février. Arsène Houssaye était de l'état-major de Lamartine pendant le fameux voyage de la Chambre des députés à l'Hôtel de Ville. « De la royauté à la république il y a un abîme, disait Lamartine. — La France le passera sur vous, » lui dit son jeune ami. Une fois à l'Hôtel de Ville, pendant que les sauveurs de la patrie se disputaient le pan de sa robe, Arsène Houssaye s'en revint chez lui. Le lendemain, le *Moniteur* lui apprit que tous ses amis étaient devenus les rois de la République. Pour lui, il redevint poëte comme devant, témoin ces strophes écrites le 25 février, où il dit qu'au palais du roi il ne reste qu'une couronne, celle de Jésus-Christ !

Ses amis ne furent pas longtemps les rois de la République. Plus d'un est aujourd'hui proscrit, tous sont demeurés ses amis, quoique leur République ne fût pas la sienne.

A cause de ses amitiés et de sa physionomie un peu vive, il se croyait déshérité par avance de toutes les faveurs du nouveau pouvoir. Mais le nouveau pouvoir prenait les hommes là où il y avait des hommes, ce qui a été un des secrets de sa force. M. Arsène Houssaye fut nommé directeur du Théâtre-Français. Il était si loin de cette idée, qu'il ne savait pas, la veille, le premier mot des coulisses; mais, le lendemain, il en savait le dernier mot. Là encore il y a dans ses confessions tout un chapitre du *Roman comique* que nous réservons aux curiosités futures. Il a vu la comédie de près, celle qu'on joue sans avoir été au Conservatoire. De quelque point de vue qu'on étudie la direction de M. Arsène Houssaye, on la trouve heureuse, féconde et sympathique. « Tout le monde, dit M. Paul de Saint-Victor, se rappellera cet élégant consulat, qui n'a péché que par l'indulgence. »

Il ne faudrait pas toutefois s'imaginer que ce royaume fût si facile à gouverner. On a un million sous la main à dépenser tous les ans, mais les sujets sont gourmands et fantasques. Et puis tous les soirs le public attend, et dit comme le grand roi : « J'ai failli attendre. » Et là, c'est toujours un public difficile, parce que là il est familier aux chefs-d'œuvre. Aussi le directeur n'était pas tous les soirs à la fête ; j'en prends à témoin cette lettre à l'Empereur : « *Sire, Napoléon Ier disait qu'il est plus facile de gouverner une armée de cinquante mille hommes qu'une troupe de comédiens. Depuis cinq ans j'ai eu l'art de me faire tant d'ennemis, qu'il ne me reste plus aujourd'hui qu'un seul ami. Cet ami, c'est moi. Pour ne pas perdre celui-là, je viens supplier Votre Majesté de vouloir bien agréer ma démission.* » L'Empereur daigna dire à M. Arsène Houssaye que, peut-être, il n'avait pas bien compté ses amis, et qu'il lui ordonnait de demeurer à la Comédie-Française.

Après le coup d'État, au moment même où Victor Hugo quittait la France, M. Arsène Houssaye, croyant qu'il fallait garder malgré eux les poëtes à Paris, voulut jouer *Marion Delorme*, ce qui parut un coup d'État. M. Romieu avertit le directeur de la Comédie-Française que ce spectacle, affiché pour le lendemain, était considéré comme une bravade, et que, s'il n'était changé, M. Arsène Houssaye pouvait se regarder comme destitué. Cet avertissement ne fut pas le seul; tout le Paris littéraire et politique se préoccupa de la représentation comme d'un événement. La veille, le foyer des acteurs était envahi. Il y eut des paris pour et contre la destitution. Enfin, le jour même où Victor Hugo quittait la France,

Marion Delorme, par Victor Hugo, frappait tous les yeux sur la façade du Théâtre-Français. Tout à coup il arrive un message de l'Élysée annonçant que le chef de l'État allait venir à la représentation. M. Arsène Houssaye alla recevoir le prince dans le salon de la loge impériale. Le futur empereur dit au directeur de rester près de lui pendant la représentation. Il avait deux ministres à ses côtés, qui écoutèrent le beau drame de Victor Hugo sans applaudir, mais sans critiquer. Le chef de l'État témoigna à plusieurs reprises son admiration pour les vers politiques du quatrième acte. Il donna trois fois le signal des applaudissements, et, la troisième fois, la salle se leva comme un seul homme, pour applaudir en même temps celui qui croyait sauver la France et celui qui croyait la France perdue.

VII

M. Arsène Houssaye a toujours fait vingt choses à la fois, en ayant l'air de vivre de temps perdu. Il aime mieux être que paraître, il a horreur du tapage et de l'importance. Il a écrit sur sa porte ces belles paroles de Pythagore : « *Tais-toi, ou dis quelque chose qui vaille mieux que le silence.* » Il a fait longtemps la fortune de la Comédie-Française, tout en faisant semblant de n'y être pas. Aussi, à son départ, Alexandre Dumas écrivait-il : « On dit que Arsène Houssaye s'en va du Théâtre-Français ; est-ce qu'il y est jamais allé ? »

Il y est allé de 1849 à 1856 : on s'en souvient dans la maison de Molière. Les adieux ont été beaux comme un chœur de tragédie antique.

M. Arsène Houssaye a quitté la maison de Molière pour le palais de Raphaël. C'est un fin connaisseur en tableaux. Il en a beaucoup et d'excellents. Son *Histoire de la Peinture flamande et hollandaise*, son *Histoire de la Peinture française*, dont il a paru des fragments, ses Salons dans la *Revue de Paris* et dans *L'Artiste*, l'appelaient tout naturellement à une Inspection générale des beaux-arts.

L'ex-directeur de la Comédie-Française est un peu né directeur de théâtre, tant il aime les changements de décoration. Je l'ai vu habitant, dans la même saison, le merveilleux salon de Voltaire, tout peint et doré, et un balcon au cinquième étage de la rue du Bac; mais des deux côtés on prenait le thé dans du vieux sèvres. — Quelle est votre fortune? lui demandait-on, cet hiver, dans une maison dorée. — J'ai des chevaux, des hôtels et des ennemis [*]; mes chevaux mangent mes hôtels, mais mes ennemis font vendre mes livres : voilà ma fortune, avec l'*Histoire du quarante et unième fauteuil*, qui m'a fermé les portes de l'Académie. » Les portes de l'Académie ne sont pas aussi fermées que cela à M. Arsène Houssaye. Il a traversé toutes les fortunes, les bonnes et les mauvaises, tantôt riche, tantôt pauvre, toujours aventureux et intrépide dans la bataille de la vie. Il a écrit cette maxime à son usage : « Il y en a qui vivent pauvres pour mourir riches. Moi, je veux vivre riche, sauf à mourir pauvre. » Si cela ne s'appelle pas de la raison, cela s'appelle de la philosophie.

A Beaujon il a bâti sept hôtels, et il les a habités tous les sept; aussi c'était un labeur effrayant que de l'aller voir. On vous renvoyait d'une maison à l'autre; on ne savait jamais au juste son vrai logis. Lui-même ne le savait pas ou ne le voulait pas savoir. Il y a un livre curieux à faire sous ce titre, les *Sept Châteaux du roi de Beaujon*, — je veux dire d'Arsène Houssaye. Ce titre, qui lui a été donné par toute une armée de maçons qu'il a longtemps nourrie, il l'a gagné en amenant la vie sur cette montagne pittoresque où, avant lui, Paris ne voulait pas se hasarder. Dans un temps où il n'y avait pas de gardes de nuit ni de réverbères, — en 1850 ! — Beaujon était un coupe-gorge. Le petit château gothique d'Arsène Houssaye a été plus d'une fois envahi par les voleurs. Il a fallu faire feu à diverses reprises; on n'a tué que des moineaux endormis dans le lierre; mais, si on avait visé juste, on aurait tué des rôdeurs de nuit.

---

[*] Et pourtant, comme dit si bien M. Edmond About après avoir fait le dénombrement des hommes qu'il y a dans cette nature si vivante et si diverse : « Il y a en lui dix hommes pour le moins, et sur le nombre il n'en est pas un dont on ne désirât être l'ami. »

Oui, les *Sept Châteaux du roi de Beaujon*. Hélas! ce sont toujours des châteaux en Espagne; ou plutôt ce sont les sept stations de la vie, — la jeunesse, — l'amour, — la science, — la famille, — la renommée, — la fortune, — la sagesse. — On bâtit un château à chacune de ces chimères. Mais le château tombe en ruines, et la chimère s'envole. De ces sept châteaux, c'était celui de la famille qu'aimait le plus M. Arsène Houssaye; or il a perdu sa femme et sa fille. Celui-là aussi a jeté en pleine jeunesse son anneau à la mer. Je l'ai surpris un matin dessinant l'architecture d'un huitième château : c'était un tombeau.

THÉODORE DE BANVILLE

PRÉFACE

Le journalisme, ce tonneau des Danaïdes, où toutes les imaginations de notre temps ont versé leur amphore, finira par dévorer à son horrible festin de chaque nuit les intelligences que Dieu avait destinées à la poésie. Cependant quelques-uns, luttant contre cette soif brutale, ont réservé pour un autre tonneau, tout en faisant la part du monstre, le vin du pampre idéal qui fleurit dans le cœur.

A l'heure où tant de bons esprits ont accepté l'ombre d'une bannière éclatante, sous prétexte d'innovation, l'auteur de ce recueil s'est isolé dans ses chers sentiers, sous ses bois ténébreux avec quelque chasseresse aux pieds nus, ou dans quelque Herculanum idéale habitée encore par Praxitèle et Aspasie. S'il réimprime ses vers, c'est qu'il ne craint pas qu'on reconnaisse un autre sous sa figure. Il n'a cultivé qu'un pauvre héritage ceint de haies vives, où l'ivraie et le bluet ont étouffé presque l'épi d'or, mais où la vigne aimée du soleil a dévoilé çà et là quelques grappes colorées. Comme Platon, dans ses trois arpents de Colonne, il voudrait pouvoir se dire : Ceci est à moi ! Mais qui songerait à lui disputer si peu ? Dans les arts on n'a le droit de faire que ce qu'un autre ne pourrait pas faire. Trop de gens rappellent Piron, qui donnait des coups de chapeau à Voltaire, en assistant à la représentation d'une tragédie de la Harpe.

On demandera peut-être au poëte — s'il y a poëte — pourquoi il a laissé plus d'un vers mal posé et mal vêtu, comme s'il demandait l'aumône d'une rime. Il a eu ses raisons pour cela; il est assez familier avec la peinture pour avoir la science des sacrifices, des oppositions et des contrastes. Lui aussi, il a tenté quelques voyages dans l'impossible, à cheval sur un rhythme emporté, voulant saisir au vol dans les nues l'idée qui n'avait pas encore couru le monde. Il s'est indigné contre la vétusté des rimes, au point qu'après avoir, dans quelques-uns de ses poëmes antiques, voulu renouveler ces panaches flétris, il a osé être poëte dans le rhythme primitif sans rime, sans vers et sans prose poétique, comme dans la *Chanson du Vitrier*.

Ce recueil renferme l'histoire des trois périodes de la vie : on commence par l'amour; on croit se tromper de chemin et on se réfugie dans l'art; enfin on reconnaît que la nature, cette figure de Dieu, selon la parole de saint Augustin, dit le dernier mot au poëte. Ce recueil est donc divisé en trois livres : — l'Amour, — l'Art, — la Nature.

Ceux qui ont bien voulu lire l'auteur en prose auront peut-être le courage de le lire en vers. Il leur dédie cette œuvre faite de temps perdu, c'est-à-dire de temps précieux.

INVOCATION

A DIANE CHASSERESSE

O fille de Latone! idéale habitante
Des halliers où jamais ne passent les hivers,
Blanche sœur d'Apollon à la lyre éclatante,
Diane aux flèches d'or, inspire-moi des vers.

Je les veux suivre encor, tes nymphes égarées,
Dans les bois ténébreux où se perdent tes pas,
A la chasse, où toujours les biches effarées
T'implorent par leurs cris, mais ne t'arrêtent pas.

Si je te vois suspendre à la branche d'un arbre
Ton arc d'argent pour boire au cristal du rocher,
J'irai sur l'herbe en fleur baiser les pieds de marbre,
Chasseresse à l'œil fier, que nul n'ose approcher!

Quand les Muses viendront, chevelures flottantes,
Chanter Phébus leur maître et Diane sa sœur;
Quand tu commanderas les danses haletantes,
Moi, je te parlerai tout bas du beau chasseur :

Le doux Thessalien, Endymion le pâtre,
Qui couronne son front de tes pâleurs, Phébé,
Qui t'attend tous les soirs, le sauvage idolâtre,
Depuis que ton amour sur son cœur est tombé.

Plus altérée alors, tu boiras à la source,
Diane, vierge altière, insoumise à Vénus;
Pour fuir dans les forêts tu reprendras la course,
Et permettras aux vents de baiser tes seins nus.

LIVRE PREMIER

LES ROMANS DE LA VIE

LIVRE I

LES ROMANS DE LA VIE

LES PARADIS PERDUS

I

Ce que je vais conter n'est pas pour vous, madame,
Qui n'avez pas aimé, — pas même votre amant !
Qui n'avez pas voulu des orages de l'âme,
Qui n'avez pas cueilli les fleurs du firmament,
Et qui n'entendez pas, quand le vent d'hiver brame,
Les fantômes d'amour vous chanter leur tourment.

II

Non, je ne chante pas pour les frêles poupées
Que n'ont point fait pâlir les sombres passions,
Craignant comme le feu les belles équipées,
Les pleurs de la folie et ses tentations,
Et qui ne savent pas, — trompeuses ou trompées, —
Que l'amour c'est Daniel dans la fosse aux lions.

III

On a Dieu dans le cœur, madame, quand on aime;
Les pieds sont sur la terre et le front dans les cieux.
Qu'importe qui l'on est, on porte un diadème,
Et qu'importe où l'on soit, on voit briller deux yeux,
Deux yeux qui sont pour nous la lumière suprême,
Quel que soit leur éclat — fiers ou doux, noirs ou bleus.

IV

C'était dans la saison où la jeune nature
Frémit de volupté dans les bois ténébreux,
Et s'en va sur les monts, dénouant sa ceinture,
Dévoiler au soleil ses beaux flancs amoureux;
C'était dans la saison où toute créature
Boit sa part d'ambroisie à la coupe des dieux.

V

C'était dans le pays de Jean de La Fontaine, —
Car je suis Champenois ; — vous êtes né malin,
Et moi je suis né bête — et n'en ai point de haine.
Aujourd'hui que la France est un pays tout plein
De gens d'esprit, — monsieur, — c'est une bonne aubaine
Que d'être un Champenois sous la robe de lin.

VI

O ma robe de lin ! où donc est-elle allée ?
Que je respire encor son parfum matinal !
Si je la retrouvais au fond de la vallée
D'où je me suis enfui par un soir automnal,
Si je vous retrouvais, ô ma robe étoilée !
Je reverrais le ciel dans mon cœur virginal.

VII

Mais je l'ai déchirée en mon adolescence.
Ces doux fils de la Vierge accrochés aux buissons,
C'est le lin tout flottant des robes d'innocence.
Le cœur n'a pas chanté ses premières chansons
Que de ce vêtement filé pour la naissance
Nous sommes dépouillés, n'importe où nous passons.

VIII

O mon cœur ! c'est pour vous que je rouvre ce livre,
Dont le premier feuillet semble peint par Berghem,
Et dont le premier air, qui me charme et m'enivre,
Se transforme bientôt en sombre *Requiem*.
Aujourd'hui c'est avec les morts que je veux vivre,
Et je veux évoquer mon funèbre harem.

IX

D'un vieux moulin à vent j'avais la dictature.
Comme un fier nautonier que de fois j'ai bravé
Les orages du cœur et ceux de la nature
Qui dans leurs bras d'air vif m'ont si haut soulevé !
J'aimais le vieux moulin et son architecture
Comme un pay per u comme un pays rêvé.

X

Un moulin, direz-vous, par quelle fantaisie ?
Sachez donc que j'étais misanthrope à vingt ans.
Les moulins ont souvent logé la poésie :
Rembrandt y médita ; Van Dyck, tout un printemps,
Y vécut amoureux d'une blanche Aspasie;
Coucy pour sa beauté s'enfarina longtemps.

XI

J'étais seul, libre et fier dans ma docte retraite.
Je n'avais rien à faire ; et mon maître Apollon
Avait tout doucement guidé ma main distraite
Vers l'archet oublié d'un pauvre violon,
Qui se mit à chanter d'une voix indiscrète
Que j'aimais une fille habitant le vallon.

XII

Elle vint au moulin montrer sa beauté fraîche.
Ah ! je la vois encor qui monte l'escalier.
Je cours à sa rencontre, et, pour la battre en brèche,
Cette agreste vertu qui sentait l'espalier,
Je lui baise le cou ; mais la voilà qui prêche,
Qui se fâche et s'enfuit vers le prochain hallier.

XIII

Je prends mon violon et chante un air rustique.
Elle tourne la tête et revient doucement :
« Je ne viens pas pour toi ni pour ta poétique ;
Ton violon chanteur, c'est mon enchantement. »
Or voici — je n'ai pas oublié le cantique —
Ce que je lui chantais avec ravissement :

CANTIQUE DES CANTIQUES

Si l'image de Dieu sur la terre est visible,
C'est sur le front rêveur des filles de vingt ans,
Qui ne savent encor lire que dans la Bible
Et n'ont que de l'azur dans leurs yeux éclatants.

La fraise qui rougit et tombe sur la mousse,
La pêche mûrissant sur l'espalier qui rit,
N'ont pas de tons plus vifs ni de senteur plus douce
Que la double colline où mon amour fleurit.

La neige que l'hiver sème dans la vallée
Est moins blanche et moins rose aux derniers feux du jour
Que ton flanc chaste et doux quand, tout échevelée,
Un rayon amoureux te baise avec amour.

La grenade qui s'ouvre aux soleils d'Italie
N'est pas si gaie encore à mes yeux enchantés
Que ta lèvre entr'ouverte, ô ma belle folie!
Où je bois à longs flots le vin des voluptés.

J'ai reposé mon front sur ton épaule nue
Faite du marbre pris à Vénus Astarté;
Et, comme on voit le ciel au travers de la nue,
J'ai vu ton âme bleue éclairer ta beauté.

Bien mieux que l'aube rose annonçant la lumière,
Tu m'as ouvert le ciel en répandant sur moi
Le blond rayonnement de ta beauté première :
Je ne voyais pas Dieu ; mais je te voyais, toi !

La biche qui s'enfuit à travers la ramée
Quand elle entend au bois la chasse et ses grands bruits,
Ne court pas aussi vite, ô pâle bien-aimée !
Que mes désirs courant à ta branche de fruits.

XIV

Au bas de l'escalier elle était revenue.
Or je ne chantais plus qu'elle écoutait encor.
Mon Dieu ! qu'elle était belle en sa joie ingénue,
Laissant flotter au vent sa chevelure d'or !
Le soleil s'égayait sur son épaule nue.
Au loin dans la forêt retentissait le cor.

XV

On était en vendange, et la grappe jaunie
Tombait à pleins paniers sur le coteau voisin.
Je crois entendre encor la rustique harmonie,
Et voir quelque bacchante en corset de basin.
Cécile revenait de sa vigne bénie ;
Elle avait à son bras un panier de raisin.

XVI

Elle prit une grappe : « Ami, je l'ai coupée
« En pensant à ce jour de joie et de chagrin...
« — Ce jour où j'écrivis ma première épopée
« Sur ton front parfumé de luzerne en regain. »
Et comme au souvenir de la folle équipée
Nous mordîmes tous deux jusques au dernier grain !

XVII

Jusques au dernier grain ! La grappe était si blonde,
Si fraîche notre bouche et si blanches nos dents !
Jusques au dernier grain, en oubliant le monde,
Et ne voyant le ciel que dans nos yeux ardents !
Jusques au dernier grain, ô morsure profonde !
Ce grain était de pourpre — et nous avions vingt ans ! —

XVIII

Ce dernier grain, madame, était de l'ambroisie ;
Car c'était un baiser plus ardent que le feu.
C'était le réalisme en pleine poésie :
Je n'ai jamais si haut voyagé dans le bleu,
Je n'ai jamais si loin conduit ma fantaisie...
Cécile cependant prenait plaisir au jeu.

XIX

La grappe était tombée et nous mordions encore.
On entendait le vent chanter dans les buissons ;
Les grands bœufs agitaient leur clochette sonore ;
La chasse et la vendange unissaient leurs chansons.
Dans l'ivresse mon cœur buvait à pleine amphore,
Et mon âme aspirait vers tous les horizons !

XX

Que nous étions heureux en ces belles folies !
A ce seul souvenir mon front a rayonné.
Cécile était jolie entre les plus jolies ;
Pour moi, je n'étais pas, je pense, un raffiné.
En rêve je cherchais les blondes Ophélies :
Apollon du moulin, je poursuivais Daphné.

XXI

Daphné, le savez-vous ? est un symbole triste.
La femme qu'on poursuit de son plus cher désir,
Sur le sein de laquelle — amant — poëte — artiste —
On voudrait moissonner les roses du plaisir,
Celle pour qui l'on chante et pour qui l'on existe,
Ce n'est plus qu'un rameau quand on la veut saisir.

XXII

Un rameau de laurier pour l'orgueilleux poëte
Qui met tout son bonheur, — le vieil enfant gâté ! —
A faire un peu de bruit sur la rive muette ;
Qui profane son cœur en sa virginité ;
Qui veut au mur d'airain graver sa silhouette :
Vanité ! vanité ! Tout n'est que vanité !

XXIII

C'est un rameau de houx pour l'amoureux sans arme,
Pour les sots ce ne sont que chardons indiscrets,
Pour le rêveur un lys qui renferme une larme,
Pour les adolescents, s'agenouillant auprès,
Une aubépine en fleur qui déchire et qui charme,
Pour le grand nombre enfin quelque sombre cyprès.

XXIV

Car la femme souvent n'est qu'une tombe ouverte :
Sur un beau sein plus blanc que la neige des monts,
Vous avez respiré l'odeur de l'herbe verte
Qui fleurit sur les morts, archanges ou démons.
Et que de fois aussi de terre on l'a couverte,
A l'heure de l'amour, celle que nous aimons !

XXV

Ainsi la mort a pris Cécile, et l'a couchée
En sa verte saison sous les saules maudits.
Treille de pourpre et d'or ! — branche toute penchée
Sous le fruit savoureux qu'on cueille au paradis !
Blonde moisson d'amour que je n'ai pas fauchée,
A qui je ne dis plus rien qu'un *De profundis*.

XXVI

Ah ! ma chère maîtresse, où donc est-elle allée ?
Est-ce l'aube aux cils blonds qui sourit au matin,
Le nuage d'argent, l'étoile échevelée,
La rose ou le bluet que je cueille incertain ?
Je vous cherche partout, ô ma belle exilée !
Qui m'appelez toujours dans un hymne lointain.

XXVII

D'autres vont sur la tombe, amoureux du mystère,
Interroger la vie et la mort, — ô douleur ! —
Ils demandent au ciel ce qu'on devient sous terre,
Si l'âme des vingt ans y survit dans sa fleur ;
Moi, quand sur un tombeau j'arrive solitaire,
Je ne sais que pleurer les larmes de mon cœur.

XXVIII

Rien ne dure ici-bas en l'âme épanouie,
Pas même la douleur : — au bout d'une saison
La vision charmante était évanouie.
L'amour m'avait déjà rouvert son horizon ;
Et, par d'autres beautés l'âme tout éblouie,
Je voyais sans pleurer le toit de sa maison.

XXIX

Lorsque revint le temps de la feuille qui tombe,
Allant au cimetière en proie au cher tourment,
Je vis que l'herbe amère envahissait sa tombe
Et voilait ce doux nom, — divin enchantement —
— CÉCILE ! — Hélas ! pourquoi ses ailes de colombe
L'ont-elles emportée au ciel sans son amant ?

XXX

Ce primevère amour qui jamais ne s'efface,
Cette aube lumineuse à mon ciel nuageux,
Ce charme amer d'avril qui dure, quoi qu'on fasse,
Ce rayon poursuivi sous les rameaux neigeux,
Ce songe évanoui ne fut que la préface,
Préface en lettres d'or de mon livre orageux.

XXXI

De Cécile à Ninon, j'ai traversé l'abîme
Des passions. Dirai-je à votre esprit moqueur
Combien j'aimais Léa, la coquette sublime,
Qui m'a donné l'amour sans me donner son cœur?
Vous m'avez consolé, ma maîtresse anonyme,
Marquise blanche et fière, amante, amie et sœur!

XXXII

Car je n'ai pas toujours pris, comme Théocrite,
Mon rêve dans l'églogue au corsage abondant ;
J'ai d'abord essayé de l'étude hypocrite
Qui, sous son masque noir, cache l'amour ardent.
Faust chercha la science et trouva Marguerite :
L'étude, c'est la femme, — un livre transcendant !

XXXIII

Un soir de carnaval, j'allais à l'aventure,
N'ayant rien dans le cœur ; je rencontrai Ninon
Cherchant un Desgrieux, — la folle créature ! —
Je lui donnai mon cœur comme l'autre à Manon :
« Veux-tu m'aimer, lui dis-je en prenant sa ceinture :
« Veux-tu m'aimer huit jours?—Huit jours? ni oui, ni non.

XXXIV

« Je ne m'embarque pas pour un si long voyage :
« Huit jours, mon cher, huit jours, mais c'est l'éternité !
« Mon cœur est une vigne où vendange l'orage,
« Dont la fleur sur ma bouche éclate en liberté ;
« Cueille la fleur du pampre en oiseau de passage,
« Pour couronner ton front de ma verte gaieté.

XXXV

« Ami, cueille mon cœur, mais, la moisson cueillie,
« Laisse-moi le champ libre et ne t'entête pas,
« Va-t'en chercher ailleurs des fleurs pour ta folie
« Et sur un cœur nouveau va refermer tes bras ;
« Crois-moi, je sais l'amour, ma figure pâlie
« T'en dira les secrets et tu me comprendras. »

XXXVI

Cette passion-là ne sentait pas la crèche ;
Elle était habillée en robe de satin,
Ses yeux étaient de flamme et sa bouche était fraîche,
Elle chantait l'amour le soir et le matin ;
Elle avait des senteurs de raisin et de pêche,
C'était une âme d'ange en un corps de — satin, —

XXXVII

Elle apporta chez moi sa pantoufle persane :
Dès cet instant je fus chez elle et non chez moi ;
L'enfant prodigue avait trouvé sa courtisane ;
J'étais heureux, — heureux sans demander pourquoi !
Ma muse effarouchée — une chaste Susanne —
Se voilait la figure avec beaucoup d'émoi.

XXXVIII

Six semaines durant ce fut un jour de fête ;
O divin carnaval aux rires éclatants !
Je donnais bravement du cœur et de la tête
Dans l'ardente folie où chante le printemps ;
C'est que Ninon était si savante et si bête !
Mais qu'est-ce que l'esprit ? — Une bouche et des dents.

XXXIX

Le cœur tout débordant d'amour et de jeunesse,
Nous n'avions tous les deux pas d'autre argent comptant.
Qu'est-ce que cela fait ? Achète-t-on l'ivresse
Que Dieu verse à longs flots dans un sein palpitant ?
Ninon ne portait pas un blason de duchesse ;
Mais comme elle habillait sa robe au pli flottant !

XL

A l'heure du dîner un jour Ninon m'appelle :
« Ma robe est déchirée. — Eh bien, ne la mets pas.
« — Que dirait ma vertu? — Tu n'en es pas moins belle,
« Étant moins habillée. En s'ouvrant, tes beaux bras
« M'ouvrent le paradis : Ève comme Cybèle
« S'en allait les bras nus et n'en rougissait pas. »

XLI

Pour Ninon, cependant, l'or tombait de ma plume,
Mais elle détournait la plume de ma main,
Me disant : « Ne fais pas de ton cœur une enclume,
« En le frappant ainsi d'un travail surhumain;
« Est-ce pour le public que mon amour l'allume?
« Aimons-nous aujourd'hui, j'ai peur du lendemain. »

XLII

Je laissais mon génie au fond de l'écritoire ;
Je me croisais les bras sur le cou de Ninon;
Mes lèvres dénouaient sa chevelure noire.
« Le huitième péché mortel, c'est toi. — Moi! non,
« Je n'ai que des vertus, c'est acquis à l'histoire. »
Et je chantais alors les vertus de Ninon :

LES CINQ VERTUS DE NINON

    Ninon est jeune, elle a vingt ans.
    Son sein est taillé dans le marbre ;
    On y voit un fruit de printemps,
    Plus doux que n'en porte aucun arbre.

    Ninon est belle, elle a des yeux
    Noirs comme l'aile de la pie,
    Des cheveux ondés et joyeux
    Comme la Vénus accroupie.

    Ninon est gaie, elle a des dents
    Qui sont des perles sous des roses ;
    Ses yeux sont encor plus mordants.
    Oh ! les beaux rires bleus et roses !

    Ninon est bête, elle n'écrit
    Que dans son cœur, un mauvais livre
    Mais sa bouche a bien plus d'esprit
    Que Platon, puisqu'elle m'enivre.

    Ninon est folle, elle a raison :
    De la sagesse elle se joue,
    Car la folie est de saison
    Quand avril fleurit sur la joue.

XLIII

Tout finit! — Et l'amour prit un jour sa volée
Par la fenêtre ouverte. — On n'aimait déjà plus!
« Adieu! lui dis-je; adieu! vous êtes consolée;
« Allez chercher ailleurs l'Océan dans son flux;
« Ou plutôt, ô Ninon! ma charmante affolée,
« Restez, c'est moi qui pars; que d'autres soient élus! »

XLIV

J'allai courir le monde à Spa, Bade et Genève,
Gardant de cet amour des souvenirs ardents,
Cherchant une autre femme où pût vivre mon rêve,
Trouvant quelques corsets et pas un cœur dedans,
Trouvant beaucoup d'écorce, à peine un peu de sève,
Ne voulant plus rien mordre avec de bonnes dents.

XLV

Je m'en revins vers elle à Paris, en septembre;
Voulant lui dire adieu pour voir ses yeux méchants.
« Monsieur, me dit mon groom, elle a pris cette chambre,
« Là-haut où j'entendais des accords si touchants;
« Mais elle n'a laissé, monsieur, qu'une odeur d'ambre;
« Car elle s'est enfuie avec la clef — des champs. »

XLVI

Ainsi parla mon groom dans sa langue choisie.
Je voulus le chasser, mais il lisait Rousseau.
D'une vive douleur mon âme fut saisie,
Je n'avais guère aimé Ninon qu'à vol d'oiseau ;
Mais je sentis l'amour avec la jalousie,
Et mon âme sous moi ploya comme un roseau.

XLVII

J'avais une autre clef. — Jalousie indiscrète ! —
Mais je craignis d'ouvrir un sépulcre vivant.
Je n'osai pas revoir l'amoureuse retraite,
Ce doux nid où nos cœurs avaient battu souvent,
Où l'amant qui sourit et l'amante distraite
S'étaient plus d'une fois oubliés en rêvant !

XLVIII

Cependant un matin je monte quatre à quatre,
— Au mois d'octobre, un jour de pluie, un triste jour ! —
Pâle comme la mort, écoutant mon cœur battre,
Riant de ma folie et pleurant tour à tour.
J'ouvre enfin cette porte, et mon âme idolâtre
Se répandit partout comme un rayon d'amour.

XLIX

Ma rieuse Ninon, qu'êtes-vous devenue?
Voilà votre pantoufle, ô douce Cendrillon!
Promenez-vous au loin votre vérité nue,
Puisque aussi bien je trouve ici ce cotillon?
Courez-vous la montagne ou courez-vous la rue?
A quel doux coin du feu chantez-vous, cher grillon?

L

Je baisai sa pantoufle avec un cri de joie,
Je pressai tendrement ses robes sur mon cœur;
Comme je promenais mes lèvres sur la soie!
— Ombre de mon amour, reviens-moi sans rancœur;
Où donc es-tu, Ninon? Il faut que je revoie
Tes yeux sous leurs cils noirs et ton rire moqueur.

LI

Tout à coup une lettre ouverte et chiffonnée
Frappe mes yeux : hélas! Ninon, la pauvre enfant,
Savait à peine lire; elle n'était pas née
A l'hôtel Rambouillet. Il lui fallait souvent,
Pour écrire un billet, toute une matinée :
Mais comme elle écrivait dans le style émouvant!

LII

Or voici cette lettre : « *Adieu, car je veux vivre,*
« *Et je mourais ici... Je vais chercher ailleurs*
« *Si mon cœur bat encor.* » Douce page du livre!
Je baisai cet adieu qu'avaient mouillé ses pleurs.
Ninon, où donc es-tu? Ninon, je veux te suivre,
Mon doux oiseau parti pour les pays meilleurs.

LIII

Après avoir saisi son douloureux fantôme,
Je quittai cette chambre avec déchirement;
Je courus par la ville enivré de l'arome
Que verse dans le cœur un souvenir charmant,
Cherchant Ninon partout, femme, rayon, atome,
Sans pouvoir retrouver son doux enchantement.

LIV

Le soir, je m'en revins avec la mort dans l'âme;
J'avais relu cent fois son billet déchirant,
Je croyais assister au dénoûment d'un drame.
Où la chercher, la belle au regard pénétrant?
Ne la verrai-je plus, la femme trois fois femme,
La divine folie où mon cœur se reprend?

4.

LV

N'ayant plus pour lutter ni vouloir ni vaillance,
« Allons là-haut! » me dis-je; et je pris un flambeau.
Je montai lentement; mon âme en défaillance
N'espérait plus trouver ce qui lui fut si beau.
Mon cœur battait trop fort; j'entendais le silence
Me chanter tristement sa chanson du tombeau.

LVI

Brusquement j'ouvre enfin cette porte ignorée,
Qui cachait le passé, peut-être l'avenir.
Mais que vois-je? Ninon, Ninon tout éplorée :
« Ninon, est-ce bien vous ? — Ami, pourquoi venir ?
« — Ninon, Ninon, c'est toi, ma maîtresse adorée !
« Que viens-tu faire ici ? — Je viens me souvenir !

LVII

« — Ninon, te souviens-tu de nos folles journées ?
« Que nous avions le cœur près des lèvres, Ninon !
« — Ah ! oui, je me souviens des fraîches matinées
« Où je chantais si faux la chanson de Mignon.
« — Et de nos belles nuits de joie illuminées,
« Où mon cœur éperdu ne disait que ton nom.

LVIII

« Ninon, te souviens-tu des heures de paresse
« Qui passaient sur nos cœurs plus vite que le vent?
« — Ah! oui, je me souviens! Je sens encor l'ivresse
« Qui couronnait mon front sous ton baiser savant.
« — Tu n'as pas oublié, Ninon, chère maîtresse!
« Ce balcon où minuit nous surprenait souvent? »

LIX

Dans ses bras je tombai tout éperdu; — son âme
Me brûla d'un tel feu, que j'en tressaille encor; —
Si vous nous aviez vus, vous auriez vu la flamme
Courir autour de nous en jets d'azur et d'or,
Dans nos cœurs qui battaient l'amour chantait sa gamme,
Je croyais retrouver tout mon divin trésor.

LX

Eh bien, non, ce fut tout! — Après cette secousse,
Et tout anéantie en cet embrassement,
Ninon me prit la main, et d'une voix plus douce
Que la brise du soir sur la mer s'endormant :
« Adieu, dit-elle, ami, je pars, le vent me pousse
« Au pays désolé du désenchantement,

LXI

« Adieu, je sais l'amour : dans ma luxuriance,
« En mon cœur agité j'ai souvent descendu ;
« Fille d'Ève, j'ai vu l'arbre de la science,
« Et j'ai porté ma bouche à tout fruit défendu ;
« Je suis trop familière avec l'expérience
« Pour vouloir retrouver l'amour, s'il est perdu.

LXII

« Adieu, ne pleure pas, ne pleurons pas ; j'emporte
« Un divin souvenir de cet amour si beau.
« Je reviendrai, qui sait? si le vent me rapporte
« Un doux parfum des jours que Dieu bénit là-haut. »
Elle dit — et s'enfuit comme un songe — et la porte
Se ferma sur mon cœur comme sur un tombeau. —

LXIII

Elle ne revint plus ! — Sage comme Aspasie,
Cette folle savait qu'il fallait en finir,
Que nous avions vidé la coupe d'ambroisie,
Et que de notre amour nous devions nous bannir
Pour en garder au moins l'austère poésie,
Hymne imprégné de pleurs qu'on nomme Souvenir !

LXIV

Je ne l'ai pas revue! Où donc est-elle allée?
Quelquefois, à minuit, dans le funèbre chœur
Des pâles visions, elle vient désolée;
Elle penche sur moi son doux masque moqueur
« C'est moi, mon cher amour!—C'est toi, mon affolée ! »
Et ses larmes encor me vont jusques au cœur.

LXV

Je voulais n'aimer plus, l'âme encore asservie.
Pour distraire mon cœur j'écrivis deux romans;
Je pris quatre chevaux pour emporter ma vie,
Et, pour vaincre l'amour, j'armai trois arguments,
Ou plutôt je courus de Clarisse à Sylvie
Sans m'égayer beaucoup en ces esbattements.

LXVI

J'ai, dans mes jours oisifs, hanté la comédie :
Agnès, dans la coulisse, a pris mes diamants;
Susanne m'a vanté les mœurs de l'Arcadie,
Et pour moi Célimène a dit des mots charmants :
Ce pays-là, c'est toute une encyclopédie
Écrite par l'amour en ses meilleurs moments.

4.

LXVII

Mais c'est trop éloquent, et j'aime la nature ;
J'avais peur que l'amour ne servît au festin
Des perdreaux de carton, — mauvaise nourriture
Pour un cœur affamé le soir et le matin.
Rien n'est beau que le vrai. La plus vive peinture
Ne vaut pas une femme, a dit monsieur Frontin.

LXVIII

D'autres, moins amoureux, vont, poursuivant leur Ève,
Sous les rameaux touffus des paradis chantés ;
Aux arbres tout en fleurs ils suspendent leur rêve,
Et s'égarent aux bois par les biches hantés,
Ou sur le flot chanteur qui vient baiser la grève ;
Moi, j'aimais mieux l'enfer aux sombres voluptés.

LXIX

Mon cœur, mon pauvre cœur, plus fier après l'orage
Où le poëte lit les hymnes de l'amant,
Arche sainte passant à travers le naufrage
Et qui gardes toujours le divin sentiment ;
Mon pauvre cœur, reprends ton sublime courage
Et me chante ta joie et ton déchirement.

LXX

Mais pourquoi redescendre aux sphères ténébreuses ?
Ma Béatrix est là qui, de sa chaste main,
Me ferme du passé les portes douloureuses
Et me montre l'amour au flambeau de l'hymen.
Le poëte, c'est elle, et ses œuvres heureuses
Sont les petits enfants qui chanteront demain.

LXXI

Oui, la muse, c'est vous, ange, chimère et femme,
Qui parfumez mon seuil des fleurs de la saison,
Qui me parlez du ciel en répandant votre âme
Comme un rayon sacré dans toute la maison ;
Ma joie et mon orgueil, ma lumière et ma flamme,
Mon plus cher souvenir, mon plus doux horizon ;

LXXII

Dessin de Praxitèle et couleur du Corrége,
Chef-d'œuvre du grand maître, arc-en-ciel ruisselant ;
Diane chasseresse en son divin cortége,
Qui marquez mon chemin par un pied fier et blanc ;
Belle comme le jour, blanche comme la neige,
Ma forêt ténébreuse et mon soleil brûlant ;

LXXIII

Mon vrai livre, c'est vous. La page sérieuse
Est celle où mon amour va s'épanouissant,
OEuvre toujours nouvelle et toujours curieuse,
Que Dieu sème d'éclairs et féconde en passant :
Quand il sera fini, ma griffe furieuse
Y signera mon nom en huit lettres de sang.

LXXIV

En huit lettres de sang, — car pourrais-je encor vivre
Si tu n'étais plus là, mon rêve radieux !
Si tes lèvres, qui sont la coupe où je m'enivre,
Ne me disaient plus rien, — tes lèvres ni tes yeux ! —
Si tu n'étais plus là — je fermerais le livre,
Et, pour te retrouver, je m'en irais aux cieux !

LES DEUX RIVES

J'allais avec ma fantaisie
Sous un vif rayon de printemps,
J'avais au front mes dix-huit ans
Et dans mon cœur la poésie.

Perdu dans quelque songe aimé,
Écoutant mon cœur en silence,
Je suivais avec nonchalance
Le clair ruisseau tout embaumé.

Quand j'entendis un gai ramage
Qui m'annonçait un doux tableau ;
Soudain, dans le miroir de l'eau,
Je vis apparaître une image.

C'était la reine de mon cœur !
Cécile, la belle ingénue,
Sur l'autre rive était venue
Avec un sourire moqueur.

« Pourquoi venir par là, coquette?
« Je vais m'embarquer sur ce flot
« Avec l'amour pour matelot,
« Je suis bien sûr de ta conquête. »

Mais elle, me tendant la main :
« Ah! ne viens pas sur cette rive. »
Mais moi, je m'embarque et j'arrive,
Disant : « Tu passeras demain. »

Elle s'enfuit vers la ramée,
Effarouchant dans les sillons
Les cigales et les grillons
Du pan de sa jupe embrumée.

Mais elle n'alla pas bien loin :
Je la suivis vers sa retraite,
Lui cueillant d'une main distraite
Des fleurs de trèfle et de sainfoin.

Je la surpris. O Théocrite!
Vert poëte, rustique amant,
Sur sa lèvre as-tu vu comment
Ma première œuvre fut écrite?

SOUPIR

La nuit avec amour se penche sur la terre !

Le ciel de juin s'enflamme à l'horizon
Et la rosée argente le gazon.

Tout arbre abrite un doux mystère !

Le vent d'est que j'entends au loin
M'apporte l'odeur du sainfoin.

Tout arbre abrite un doux mystère !

Les rossignols chantent l'amour en chœur;
Je vous attends, vous, l'âme de mon cœur :

La nuit avec amour se penche sur la terre !

LE VIOLON BRISÉ

Vois-tu là-bas sur la montagne verte
Le vieux moulin qui tourne si gaiement?
Il m'a bercé dans un rêve charmant,
Cœur qui va battre, âme à peine entr'ouverte.

Non loin de là, dans la ferme au toit bleu,
Vivait Cécile, une beauté mystique,
Pâle et rêveuse, en plein foyer rustique,
Autre Mignon qu'appelait déjà Dieu.

Elle mourut! que de larmes versées!
Elle mourut au soleil du matin,
En respirant la rosée et le thym.
Son âme au ciel emporta nos pensées.

Le lendemain, ses compagnes en deuil
Portaient son corps de neige au cimetière;
Moi, j'étais seul, sans larme et sans prière,
Dans le moulin comme au fond d'un cercueil.

Je te saisis, violon triste et tendre,
Et le doux air que Cécile aimait tant,
Je le jouai, le cœur tout palpitant :
Son âme sainte a passé pour l'entendre.

Je le jouai ; mais, au dernier accent,
Mon cœur bondit comme un daim qui se blesse ;
Je me perdis si loin dans ma tristesse,
Que je brisai mon violon gémissant.

Depuis ce jour, ma sœur la Poésie
A ranimé mon cœur à demi mort ;
Ma lèvre ardente à bien des grappes mord
Sans retrouver la première ambroisie.

J'ai délaissé le moulin, mon berceau,
Le doux pays où m'allaita ma mère ;
Je suis allé me perdre en l'onde amère,
Sans retrouver la source du ruisseau.

Perle d'amour, à ce monde ravie,
Au fond des mers je t'ai cherchée en vain ;
Et je n'ai plus de mon bonheur divin
Qu'un souvenir : c'est la fleur de ma vie.

Quand je retourne au moulin délaissé,
Ce n'est que joie et peine renaissantes.
Ah ! quand j'entends ses ailes frémissantes,
Mon pauvre cœur est un violon brisé.

DE PROFUNDIS

Cécile, que j'aimais, à l'aube matinale,
A fermé doucement son aile virginale.
      De profundis !

Ah ! quel tableau ! J'ai vu toutes blanches les vierges
Qui dans l'église en deuil pleuraient avec des cierges.
      De profundis !

J'ai vu le fossoyeur en son insouciance,
Vrai Faust qui de la vie a creusé la science.
      De profundis !

J'ai vu, la tombe ouverte, y ruisseler le sable,
Le sable où j'ai gravé ce mot ineffaçable :
      De profundis !

Quand on l'a descendue en la nuit éternelle,
Et que son âme blanche a déployé son aile,
      De profundis !

J'ai pris mon violon, plein de funèbres charmes,
Pour lui chanter un chant tout inondé de larmes.
  De profundis!

Ce chant d'amour, c'était la chanson adorée
Qu'elle avait autrefois apprise à la vesprée !
  De profundis!

La chanson des beaux jours que j'entends dans mon âme !
Que l'épine fleurisse ou que novembre brame :
  De profundis!

Ci-gît une églantine à sa tige arrachée,
Qui, dans son lit du soir, le matin s'est couchée.
  De profundis!

AU MOIS DE MAI

Pourquoi pleurer au mois de mai ?

Au mois de mai je vis Cécile,
Tour à tour fuyante et docile ;

Je vis Cécile et je l'aimai.

Sa blanche main sur le rivage
Cueillait une rose sauvage.

Je vis Cécile et je l'aimai.

Mais vint la mort, la mort fatale !
Elle a fui la rive natale.

Et moi, je pleure au mois de mai.

LA VIEILLE CHANSON

QUE TOUT LE MONDE CHANTE

O ma jeunesse envolée !
Chère montagne où j'aimais !
Mon amoureuse vallée !
J'ai tout perdu pour jamais.

Insensé ! j'ai fui ma mère ;
J'ai semé partout le deuil,
Pour étreindre la chimère
Qui caresse mon orgueil.

Ma vie est déjà fanée
Comme l'herbe du chemin ;
La jalouse destinée
A voilé mon lendemain.

O ma sœur! sur la colline
Nous n'allons plus, en rêvant,
Cueillir la blanche aubépine
Et jeter des fleurs au vent!

J'avais une douce amie,
Mais la mort m'a laissé seul :
Ma belle s'est endormie,
En riant, dans un linceul.

LES CLEFS DU PARADIS

Mon cœur, pourquoi vous lamenter sans cesse,
Et ne chanter qu'une triste chanson?
Cécile est morte à peine en sa jeunesse :
Le cœur humain n'a-t-il qu'une saison?

Après la nuit l'aurore insouciante
Au feu du ciel rallume ses flambeaux.
Après l'hiver la nature est riante :
Ne voit-on pas des fleurs sur les tombeaux?

Allons, mon cœur, laissez-vous un peu vivre :
Le ciel est bleu, la moisson est en fleur;
De ce vieux monde ouvrons encor le livre,
Et qu'un baiser boive ton dernier pleur.

Elle était blonde, il en est qui sont brunes,
Je ressaisis l'espérance, et je dis:
Il faut aimer. J'en connais quelques-unes
Ayant encor les clefs du paradis.

LE RENOUVEAU

Le souvenir ! un mauvais livre,
Jetons-en les pages au vent.
Ah ! du passé qu'on me délivre,
C'est la tombe — je suis vivant !

Le renouveau frappe à ma porte,
Armé de vos yeux d'outremer,
Et sur votre bouche il m'apporte
Les fleurs de l'idéal amer.

Hélas ! il faut qu'avril m'oublie :
Quand les lilas vont refleurir,
J'irai tout seul dans ma folie,
Ne pouvant vivre ni mourir !

Fais-moi mourir, ô ténébreuse !
Si tu veux la mort du pécheur.
Deviens la tombe que je creuse,
Beau marbre éclatant de blancheur !

BILLET

Vous êtes à la fois la Grâce et la Beauté :
Votre sein chaste et fier dans la neige est sculpté,
Vous avez le pied fin, vous avez la main blanche ;
Votre cou, c'est un lys que le vent d'été penche ;
Vos yeux ont dérobé les feux du firmament,
Et vos regards mouillés versent l'enchantement.

Sylvia, croyez-en ma bouche où le mensonge
Ne passera jamais : l'amour est un beau songe
Qui nous prend à minuit et nous réveille au ciel,
Pour nous nourrir de lait, d'ambroisie et de miel.

C'est une chaîne d'or traînée avec délices,
Un doux parfum venu des plus chastes calices,
Une larme, une perle, un sourire, un rayon,
Une gazelle, un loup, une biche, un lion,
Une source où jamais l'on ne se désaltère,
Ah ! madame, l'amour c'est le ciel et la terre !

L'OISEAU BLEU

Dans mon âme il est un bocage,
Un bocage aux abords touffus :
D'un bel oiseau bleu c'est la cage,
Et j'écoute ses chants confus.

Dans mon âme il est une source
Qui ravage fleurs et gazons ;
Au bruit funèbre de sa course
L'oiseau s'endort; adieu, chansons !

A travers la feuille ondoyante
Il vient souvent un soleil d'or
Pour tarir la source bruyante
Et réveiller l'oiseau qui dort.

L'oiseau bleu, c'est l'amour, ma belle;
La source est celle de mes pleurs;
Le soleil que mon âme appelle,
Ce sont tes yeux semant des fleurs.

LA CHANSON

DE CEUX QUI N'AIMENT PLUS

Qui l'a donc sitôt fauchée,
    La fleur des moissons?
Qui l'a donc effarouchée,
    La Muse aux chansons?

Je n'aime plus! qu'on m'enterre,
    Le ciel s'est fermé.
Je retombe sur la terre,
    Le cœur abîmé.

Pourquoi faut-il encor vivre
    Quand l'amour s'endort?
A cette page du livre,
    Ci-gît, tout est mort!

Te souviens-tu, ma maîtresse :
　　Mon cœur s'en souvient !
Des aubes de notre ivresse ?
　　Déjà la nuit vient.

Faut-il que je te rappelle
　　Les doux alhambras
Que nous bâtissions, ma belle,
　　En ouvrant nos bras ?

Ta bouche fraîche, ô ma mie !
　　Ne m'enivre plus.
Déjà la vague endormie
　　Est à son reflux.

Quoi ! plus d'Ève qui m'enchante !
　　Plus de paradis !
Faut-il donc que mon cœur chante
　　Son *De Profundis ?*

LA CHANSON

DE CEUX QUI AIMENT TOUJOURS

Aimons-nous follement !
C'est la chanson, ma mie,
Que dit le cœur de ton amant
A chaque battement.
La plus belle folie
Sous le ciel d'Italie,
C'est d'aimer follement !

Aimons-nous follement !
La science de vivre
Est de mourir tout doucement
Sur ton sein chaste et blanc,
Où l'Amour, étant ivre,
Écrivit ce beau livre :
Aimons-nous follement !

Aimons-nous follement
Jusqu'à la frénésie !
Que dit l'étoile au firmament,
La rose à son amant,
La lèvre à l'ambroisie,
L'Art à la Poésie ?
Aimons-nous follement !

LA BEAUTÉ

La beauté, coupe d'or pleine de mauvais vin.

Qu'elle était belle à cette promenade
Quand les oiseaux chantaient leur sérénade !

Pris à son sourire divin,

Moi, confiant comme un poëte,
J'allais, au chant de l'alouette,

Rêver d'elle au fond du ravin.

Rêve perdus ! O ma sœur ! ô ma mère !
Croyez, croyez ma bouche encore amère :

La beauté, coupe d'or pleine de mauvais vin !

LA MUSE

Pour chanter sous le ciel ce que j'ai dans le cœur,
Je demandais un luth à la muse amoureuse,
Quand ma jeune beauté vint, fraîche et savoureuse,
S'asseoir sur mes genoux avec un air moqueur :

« Pour accorder ainsi la raison et la rime,
« Ah! que de temps perdu dans les jours précieux!
« C'est chercher le soleil quand la nuit règne aux cieux :
« Crois-moi, ne lasse pas ton cœur à cette escrime.

« Si l'amour m'a fait reine, ami, n'es-tu pas roi?
« Ma bouche n'est donc pas la coupe d'ambroisie?
« Poëte, où t'en vas-tu prendre la poésie?

« La lyre, c'est l'Amour, et la Muse, c'est moi :
« La plus belle chanson ne vaut pas, mon poëte,
« Un baiser éloquent sur ma bouche muette. »

LA ROSE DU BENGALE

Dans ma jeunesse évanouie,
Je voyais sur chaque sentier
Une églantine épanouie
Qui souriait sur l'églantier.

Bien souvent, hélas! au passage
J'ai senti mon cœur tressailllir;
Craignant les épines, en sage,
Je m'en allais sans rien cueillir.

Auprès d'une Diane en marbre,
Une rose m'arrête enfin,
Plus douce que le fruit de l'arbre
Quand notre mère Ève eut si faim!

Cette rose n'a point d'égale,
Elle a son parfum dans les cieux;
Car c'est la rose du Bengale,
Qui ne fleurit que pour les yeux.

LA VALSE

Tu valses comme une Allemande,
O ma maîtresse au front joyeux !
Qu'ils sont bien fendus en amande,
  Tes yeux !

J'aime tes lèvres insensées,
Ton esprit doux comme un beau jour,
Qui berce de folles pensées
  D'amour.

J'aime la rose que soulève
Ton corsage séditieux,
Ton doux regard qui suit ton rêve
  Aux cieux.

Enfin tu m'as pris dans ton charme ;
Mais ce que j'aime mieux de toi,
Rieuse enfant, c'est une larme
  Pour moi.

LA FENÊTRE

Que j'aimais à te voir penchée à la fenêtre,
Me regardant venir, sachant me reconnaître
Entre mille passants ! De nos chiens aux aguets
J'entendais de bien loin les jappements plus gais;
Mais j'entendais surtout en mon âme charmée
Se soulever ton sein, ô pâle bien-aimée !
Et, malgré tout l'attrait, j'allais plus lentement,
Caressant à loisir les songes du moment.
Cependant les beaux chiens, que la gaieté transporte,
Par leurs cris suppliants se font ouvrir la porte,
Ils me viennent surprendre, ils me lèchent la main,
Et, retournant vers toi, m'indiquent le chemin.

J'arrivais tout ému; toi, toute chancelante,
Tu venais sur le seuil, ô ma belle indolente !
Ton cœur tout palpitant répondait à mon cœur,
Tes yeux levés sur moi se baignaient de langueur;

Et moi, croyant cueillir et baiser une rose,
Je buvais ton amour à ta lèvre mi-close.

Ces temps-là passent vite et c'est déjà fini !
Les ramiers pour jamais s'envolent de leur nid :
Ainsi font mes amours. Ils ont pris leur volée ;
Ils ne reviendront pas. Mon âme désolée
N'est plus qu'un noir cyprès où gémira le vent,
Où les oiseaux de nuit iront pleurer souvent.

Oui, ce matin j'ai vu la fenêtre fermée :
Plus de chiens sur le seuil. — Et vous, ô bien-aimée !

AINSI VA L'AMOUR

Pervenches étoilant les marges du chemin
Où flottait le berceau de mes fraîches années,
Je ne vous trouve plus? — Dans une blanche main,
Sur un sein virginal l'amour nous a fanées.

Rivière qui baignais son petit pied charmant,
Rossignol, son écho sous la verte ramure,
Vous ne dites plus rien? — C'est pour un autre amant
Que l'oiseau se lamente et que le flot murmure.

Aubépine fleurie où je cueillais souvent
Un bouquet pour Cécile en l'avril de ma vie,
Qu'as-tu fait de ta fleur? — Souviens-toi que le vent,
Le vent d'orage, un soir de mai me l'a ravie.

Mais toi, belle Cécile, âme de mes vingt ans,
Blonde moisson d'amour que je n'ai pas fauchée,

Cécile, où donc es-tu? — Mon amour, je t'attends
Sous l'herbe envahissante où la mort m'a couchée.

L'amoureux en pleurant penche un front abattu,
Mai s'enfuit, juillet vient; mais qu'est-ce qu'une gerbe
Quand on cherche un bluet! — Amoureux, où vas-tu?
— Dans le pays des morts je vais cueillir de l'herbe.

LES VENDANGES

Sur le soir, j'écoutais la rustique harmonie,
Je vis la vendangeuse en blanc corset de lin,
Qui, tout en me narguant de son regard malin,
Coupait la grappe verte et la grappe jaunie.

De mon âme aussitôt la pensée est bannie :
« Cécile, ton panier n'est pas encore plein,
« Et voilà le soleil qui touche à son déclin :
« Laisse-moi vendanger dans ta vigne bénie ! »

Quel beau soir ! Tout riait et tout chantait en chœur,
Le bois, et la prairie, et la vigne, et mon cœur !
La nature automnale était encore en fêtes.

Je vendangeai. La nuit, je m'en allai chantant
Ce vieil et gai refrain que Voltaire aimait tant :
Adieu, paniers, adieu, les vendanges sont faites !

SENTIERS PERDUS

Je vais où va le vent d'orage. Que ne puis-je
En finir aujourd'hui cependant ! car où suis-je ?
Dans un abîme immense où vous m'avez jeté,
O folle passion ! ô sombre vanité !
Et pourtant j'avais bu le doux lait d'une mère
Avant d'ouvrir la bouche à cette source amère
Du mal qui me tuera. Les blanches visions
M'ont entraîné gaiement vers les tentations
Qui nous ferment le cœur en nous mettant un masque !
Je suis allé flottant de bourrasque en bourrasque,
Riant de ma candeur, enfant abandonné,
Orgueilleux d'étaler un vice nouveau-né.

Cette folle Léa, dans son insouciance,
S'abreuvant du vin pur de la luxuriance,
N'est pas si loin du ciel encor que je le suis :
Un jour, si Dieu le veut, rêveuse au bord du puits
Où la Samaritaine a vu la source vive,

La folle fille aura la part de tout convive.
Madeleine, d'ailleurs, prie au ciel pour sa sœur ;
Mais moi ! mais moi, je suis cet aveugle chasseur
Perdu dans la forêt des passions touffues,
Qui ne voit plus du ciel que l'orage et les nues.

L'amour est une ivresse, eh bien, enivrons-nous.
Aimons notre folie et sachons vivre en fous.
A quoi bon les remords? je suis l'enfant prodigue,
Et je n'ai pour aïeux que don Juan et Rodrigue.
Il sera temps un jour, au jour des temps meilleurs,
De pleurer nos péchés — s'il nous reste des pleurs !

LE BAL DE L'OPÉRA

Le bal de l'Opéra, c'est la vie : — on y va,
Cherchant les visions qu'à vingt ans on rêva.
Parmi ces visions à la grâce fantasque,
Il en faut choisir une et dénouer son masque.
Le masque tombe; eh bien, est-ce la Volupté?
Diane aux pieds d'argent ou Vénus Astarté?

Cependant avec elle on s'en va sans vergogne
Lui verser la gaieté qui jaillit en Bourgogne.
C'est en vain qu'avec elle on boit jusqu'au matin
La folie oublieuse avec le chambertin;
On veut qu'un peu d'amour couronne l'aventure,
On saisit corps à corps la belle créature :
Hélas! le vin se change en eau dans ce festin,
Et, quand tombe sur elle un rayon du matin,
Que voit-on devant soi? la Mort, vieille enrouée,
Qui baisse le rideau quand la farce est jouée!

SAULES PLEUREURS

Elle passe comme le vent,
Ma jeunesse douce et sauvage !
Ma joie est d'y penser souvent :
Elle passe comme le vent,
Mon cœur la poursuit en rêvant,
Quand je suis seul sur le rivage.
Elle passe comme le vent
Avec l'amour qui la ravage.

Elle fuit, la belle saison,
Avec la coupe de l'ivresse.
Adieu, printemps ! adieu, chanson :
Elle fuit, la belle saison.
Je n'irai plus vers l'horizon
Chercher la muse ou la maîtresse !
Elle fuit, la belle saison :
Adieu donc, adieu, charmeresse.

Que de larmes! que de regrets!
Toi dont mon âme fut ravie,
Déjà si loin, — encor si près!
Que de larmes! que de regrets!
Mes mains ont planté le cyprès
Sur les chimères de ma vie :
Que de larmes! que de regrets!
Adieu, mon cœur, adieu, ma mie!

LA COMÉDIENNE

Son âme est le tonneau des Danaïdes. Verse,
Verse tes passions, mon cœur, verse toujours;
Vendange ta jeunesse, égrène tes beaux jours,
Car c'est la plus charmante et c'est la plus perverse.

Sur le marbre vivant de son sein qui me berce
J'apprends l'art de sculpter les plus divins contours,
Sur ses cheveux ondés que peignent les amours
Mes sonores baisers tombent comme une averse.

Sans croire à notre cœur, Léa, nous nous aimons;
Mais nous buvons du feu versé par les démons,
L'enfer est dans notre âme, ô brune charmeresse!

Je cueille avec fureur ta pâle volupté,
Car ce que j'aime en toi, c'est ta perversité;
Et j'aime à me damner avec toi, pécheresse.

VERS ÉCRITS SUR LE SABLE

Jamai Titien, roi de la couleur,
N'a vu rayonner un plus doux mirage
Que votre beauté si fraîche en sa fleur
Se peignant au vif dans ce paysage.

N'êtes-vous pas l'art en pleine nature,
L'esprit qui sourit dans le sentiment?
Dieu, qui se complaît dans sa créature,
Se regarde en vous et se voit charmant!

J'écris à vos pieds ces vers sur le sable :
Ce fut là le livre aimé des anciens,
Car rien ici-bas n'est ineffaçable :
Arthur brouillera mes vers sous les siens.

Ou plutôt, ainsi que la vendangeuse
Qui foule au pressoir le grain jaillissant,
Gaiement vous viendrez, belle voyageuse,
Effacer ce soir mes vers en dansant !

AMOURS DE THÉATRE

O Léa ! nous chantions le nocturne duo,
    Sous l'arbre des forêts bleuâtres;
J'ai trouvé mon balcon, tout comme Roméo,
    Mais c'est le balcon des théâtres.

Tout est dit ! le bonheur est enfui pour toujours,
    Et mon cœur vivra solitaire;
A tous les monuments ruinés de mes jours
    J'ai cueilli la pariétaire.

Amour, doux arc-en-ciel de mon ciel orageux,
    Illusion évanouie,
Ceinture de Vénus, l'horizon nuageux
    Éteint ton prisme dans la pluie !

Je ne dirai jamais les maux que j'ai soufferts
    Devant votre beauté, madame,
Car j'ai fait avec vous ma descente aux Enfers,
    Et les Enfers brûlent mon âme.

O lâcheté du cœur ! ô fragile raison !
    Pour retrouver ma poésie,
Je n'ai qu'à vous briser, portes de ma prison !
    Mais j'aime mieux ma frénésie.

Ils n'ont jamais aimé, ceux-là qui n'aiment plus !
    Il est temps d'arracher ton masque,
O syrène aux yeux verts qui viens avec le flux
    Et qui nous prends dans la bourrasque.

Oui, tu m'as emporté jusques en pleine mer;
    Mais tes bras n'étaient qu'une tombe,
Car ta férocité me jette au flot amer,
    Et sans toi, cruelle, je tombe.

Et tu vas en riant à tous les horizons,
    Lèvre de feu, cœur de statue,
Et d'autres passagers sont pris à tes chansons,
    Pendant que ton amour me tue.

Mais quelle est ma folie ! Est-ce qu'il faut briser
    L'amphore quand on n'est plus ivre ?
Non qu'un autre à son tour y vienne aussi puiser
    Le mal d'aimer, le mal de vivre.

Mon âme, c'est la vigne où ton soleil a lui,
    Quand mes pleurs tombaient en rosée;
Ma vigne jeune encore est brûlée aujourd'hui
    Et ma soif est inapaisée.

Mais toi, ma vendangeuse aux caprices mordants,
    Dont la serpe d'or chante et coupe;
Les grappes de ma vigne, ô Léa! sous tes dents,
    Saignent encore dans ta coupe.

Léa, tu m'as donné la mort avec l'amour;
    Mon cœur a vécu de tes charmes;
Mais tu viens t'y nourrir, femme, démon, vautour,
    Tu bois mon sang, tu bois mes larmes.

Léa, Léa, pourquoi déchirer le roman
    A la page la plus humaine!
Toi-même tu pleurais — Larmes de caïman!
    Je te reconnais, Célimène!

Oui, je te reconnais à ton rire moqueur,
    Quand ta ceinture est renouée!
Le spectacle est fini! — le drame de mon cœur,
    Ta comédie est bien jouée!

                       Janvier 1841.

VINGT ANS

Théo, te souviens-tu de ces vertes saisons
Qui s'effeuillaient si vite en ces vieilles maisons
Dont le front s'abritait sous une aile du Louvre ?
Ah ! soulevons encor le voile qui les couvre,
Reprenons dans nos cœurs les trésors enfouis,
Plongeons dans le passé nos regards éblouis.
Chimères aux cils noirs, espérances fanées,
Amis toujours chantants, amantes profanées,
Songes venus du ciel, flottantes visions,
Sortez de vos tombeaux, vieilles illusions !

Rebâtissons, ami, ce château périssable
Que les destins changeants ont jeté sur le sable :
Replaçons le sofa sous les tableaux flamands ;
Dispersons à nos pieds gazettes et romans ;
Ornons le vieux bahut de vieilles porcelaines,
Et faisons refleurir roses et marjolaines.

Qu'un rideau de lampas ombrage encor ces lits,
Où nos jeunes amours se sont ensevelis.
Appendons au beau jour le miroir de Venise :
Ne te semble-t-il point y voir la Cydalise
Respirant un lilas qu'elle avait à la main,
Et pressentant déjà le triste lendemain ?

Entr'ouvrons la fenêtre où fleurit la jacinthe...
Il m'en reste une encor ! relique trois fois sainte :
J'y trouve je ne sais quels célestes parfums,
Quels doux ressouvenirs de nos amours défunts.
Passons encore ensemble une heure fortunée ;
Traînons les vieux fauteuils devant la cheminée :
Demandons un fagot pour rallumer le feu ;
Appelons nos deux chats et devisons un peu :
Que dit-on par le monde ? Eh ! qu'importe ? nous sommes
Dans la verte oasis, loin du désert des hommes !
Laissons-les s'épuiser avec les vanités,
Et parcourons toujours nos palais enchantés ;
Couvrons de notre oubli le monde et ses tourmentes ;
Parlons de nos amours, parlons de nos amantes :
L'amour ! pays perdu que nous cherchons toujours,
Écho des paradis, soleil d'or des beaux jours,
Qui luit sur le chaos de notre âme ravie
L'amante ! coupe pleine où nous buvons la vie !

Et Gérard survenant s'asseyait près de nous,
Et les chats en gaieté sautaient sur ses genoux.

« D'où vient donc, ô Gérard ! cet air académique ?
« Est-ce que les beaux yeux de l'Opéra-Comique
« S'allumeraient ailleurs ? La reine de Saba,
« Qui, le fard sur la joue, entre vos bras tomba,
« Vous échapperait-elle, inconstante chimère ? »
Et Gérard s'écriait : « Que la femme est amère ! »

Quelquefois, le matin, il venait en chantant
Ces chansons de Bagdad que Beauvoir aimait tant.
Tu l'écoutais, l'esprit perdu dans les ténèbres,
Cherchant à ressaisir les images funèbres
De celle que la mort sur son pâle cheval
Emporta dans la tombe un soir de carnaval.

Tu n'as point oublié la jeune tavernière
Qui venait, à midi, nous verser de la bière ?
Quelle gorge orgueilleuse et quel air attrayant !
Jordaens eût tressailli d'amour en la voyant.
Cette fille aux yeux bleus, follement réjouie,
Les blonds cheveux épars, la bouche épanouie,
Jetant à tout venant son cœur et sa vertu,
Et faisant de l'amour un naïf impromptu,
Fut de notre jeunesse une image fidèle ;
Ami, longtemps encor nous reparlerons d'elle.

Ah ! si ces heureux jours devaient nous revenir !
Nous passons, nous passons, et, sans le souvenir,

Nous aurions tout perdu. Comme les hirondelles,
Déjà l'amour frileux s'envole à tire-d'ailes.
Le temps a sous ses pieds meurtri le vert sentier
Et flétri de ses mains les fleurs de l'églantier ;
La bise fait ouïr ses colères lointaines,
Le torrent vagabond va troubler nos fontaines ;
Le ciel, si doux hier, se couvre à l'horizon :
Voilà pour nous déjà la mauvaise saison.

Ne saurons-nous donc pas où vous êtes allées,
Sur quel songe fatal vous êtes envolées,
Prêtresses qui gardiez le feu de nos désirs,
Reines de nos amours, reines de nos plaisirs ?

Judith oublie Arthur, Franz, Rogier, et le reste,
En donnant à son cœur la solitude agreste ;
Fanny, sur la Brenta, caresse un jeune enfant
Plus joli qu'un Amour et plus joli qu'un faon.
Son lait ne tarit point pour ce bambin folâtre
Qui rappelle si bien celui qu'elle idolâtre ;
Image d'un bonheur trop vite évanoui,
Des jardins du plaisir beau lys épanoui,
Doux portrait qui lui parle et qui dort auprès d'elle,
Dernier sourire enfin d'un amant infidèle.
Ninon au Jockey-Club prodigue ses beaux jours ;
Charlotte danse encore — et dansera toujours.
Alice — il la faut plaindre et prier Dieu pour elle :
Elle est dans le bourbier, la pauvre tourterelle ;

Un orage a brisé son rameau bien-aimé,
Et pour elle à jamais le beau ciel s'est fermé.
Olympe — un mauvais livre ouvert à chaque page —
Ce matin je l'ai vue en galant équipage :
Le toit qui l'abritait en sa chaste saison,
Le clocher éloquent qui marque l'horizon,
Le verger où la nuit égarait sa chimère
Et la tombe rustique où va prier sa mère,
Elle a tout oublié! tout, jusqu'au vert bosquet
Où son premier amant lui cueillit un bouquet.

Gardons, ô mon ami! pour nos vieilles années,
Le regain pénétrant de tant de fleurs fanées;
Gardons un épi d'or de toutes nos moissons,
Gardons le vif refrain de toutes nos chansons.

Oh! le beau temps passé! Nous avions la science,
La science de vivre avec insouciance;
La gaieté rayonnait en nos esprits moqueurs,
Et l'amour écrivait des livres dans nos cœurs!

LE TOMBEAU DE L'AMOUR

Monsieur de Cupidon, grand coureur d'aventure,
Qui veniez si souvent rêver sous mon balcon,
Ne vous verrai-je plus, si ce n'est en peinture?
Me condamnerez-vous aux vierges d'Hélicon?

As-tu donc oublié nos belles équipées?
Nous n'allions pas nous perdre au ciel comme Ixion.
Aujourd'hui, qu'as-tu fait de tes flèches trempées
Dans la coupe où Vénus buvait la passion?

Pour avoir de l'argent les aurais-tu fondues?
Ton carquois n'est-il plus qu'un sac d'écus comptés?
Qu'as-tu fait de ton chœur de Nymphes éperdues
Conviant l'univers aux folles voluptés?

Aurais-tu trépassé, dans les bras de ma belle,
Sur la double colline où la neige rougit?

Si tu ne réponds pas à mon cœur qui t'appelle,
Sur le sein de Ninon j'écrirai donc : *Ci-gît*.

Ci-gît mon jeune amour : ne pleurez pas ! Sa tombe,
Où déjà plus d'un cœur est venu se briser,
Est un doux lit jonché de plumes de colombe.
— Il naquit d'un sourire et mourut d'un baiser ! —

PAYSAGE

Au bas de ma montagne, à l'ombre d'un pommier,
Jaillit à flots pressés une source bruyante
Qui s'en va caressant la plaine verdoyante
Après avoir baigné les canards du fermier.

Au matin, le soleil est toujours le premier
A plonger dans l'étang sa lèvre flamboyante.
Des filles du pays la troupe chatoyante
Vient danser sur la rive aux chansons du ramier.

Lorsque je vais revoir la fontaine qui coule,
Les cailloux caquetants, le ramier qui roucoule,
L'herbe drue et fleurie où dansent les amants;

La pervenche, œil des bois, que le buisson protége,
Le soleil qui sur l'eau sème des diamants,
Je revois mes vingt ans dans leur divin cortége.

CE QUE DISENT LES ÉTOILES

Quand on vous a soufferts, tourments délicieux
De déchirer sa lèvre aux coupes savoureuses,
Quand notre âme a subi les heures douloureuses,
La mort vient et lui donne un éclat précieux.

Ces étincelles d'or, qui jaillissent des cieux,
Ces lis épanouis des plaines bienheureuses,
Les étoiles, — ce sont les âmes amoureuses
Versant au ciel nocturne un pleur silencieux.

« Ainsi que nous, montez à Dieu par le martyre !
Mortels, aimez ! » Voilà ce que semblent nous dire
Avec de longs regards leurs yeux de diamants.

C'est pourquoi, dans l'azur transparent et sans voiles,
Enchantement des nuits sereines, les amants
Avec des pleurs de joie écoutent les étoiles.

LES FOLIES

Ma plus belle folie,
O ma brune Ophélie !
C'est de te couronner des fleurs du sentiment.
Ma plus belle folie,
C'est d'être ton amant.

Ma plus verte folie,
O ma coupe sans lie !
C'est de boire à ta bouche un baiser enivrant.
Ma plus verte folie,
C'est ton sein odorant.

Ma plus douce folie,
O ma beauté pâlie !
C'est d'aller dans tes bras chercher le paradis.
Ma plus douce folie
Est tout ce que tu dis.

Ma plus docte folie,
O maîtresse, ma mie !
C'est de me perdre en toi dans ton embrassement.
Ma plus docte folie,
C'est d'aimer follement.

TOUT OU RIEN

Je vous ai trop aimée, ô ma belle maîtresse !
Je ne puis vous aimer maintenant à moitié ;
J'aime mieux vous haïr, vous, la plus charmeresse,
Que d'aller m'effaçant jusques à l'amitié.

Adieu donc, il le faut, pour garder dans mon âme
Le divin souvenir de cet amour banni,
N'allons pas profaner, par l'amitié, — madame, —
Cet amour adorable. Adieu, tout est fini !

O désenchantement ! Quand le soleil se lève,
Retourner vers la nuit et s'en aller tout seul !
Mon cœur encor vivant ressent le froid du glaive,
Et les heures déjà lui filent son linceul.

Adieu ! Tout est fini, mon Ève et ma science,
Puisque le paradis m'est à jamais fermé.
Quelquefois tu diras avec insouciance :
Il est tombé du ciel pour avoir trop aimé.

LE PAYS DU POËTE

A UN RÊVEUR DE LA MONTAGNE

Ami, garde toujours ton petit horizon,
Ne fuis jamais le ciel de ta belle saison,
Bois l'eau de ta fontaine et le vin de ta vigne :
N'irrite point ta soif vers une source indigne.
Ne dépasse jamais ce sauvage rocher
Où tu vois tous les soirs le soleil se coucher :
Promène ta jeunesse avec ta rêverie
Vers le bois ignoré d'une blanche Égérie ;
Cueille la violette aux lisières du pré
Pour parer au retour quelque sein effaré.
Es-tu las de rêver le long de la charmille ?
Appelle les enfants, ces fleurs de la famille,
Et repose ton cœur dans leurs ébats joyeux.
Au moins, quand pour jamais tu fermeras les yeux,

Tu pourras t'endormir, auprès de ta chimère,
Dans un linceul de lin qu'aura filé ta mère.

Moi, j'ai fui le pays, moi, rêveur inconstant !
Un beau matin d'avril je partis en chantant,
N'ayant que mon esprit et mon cœur pour ressource :
J'ai déchiré mon cœur au début de la course,
Et mes illusions, qui me donnaient la main,
Ont laissé mon esprit errer sur le chemin.
Après m'avoir bercé dans toutes leurs magies,
Craignant comme la mort les bruyantes orgies,
Elles ont pris leur vol vers le pays natal,
Et j'ai poursuivi seul mon voyage fatal.

Et puis, qu'ai-je trouvé quand j'ai perdu mes rêves ?
Un désert qui n'était que roches et que grèves,
De volages amis ne donnant que la main,
Des maîtresses d'un jour — plaisirs sans lendemain !
Hélas ! j'ai tout perdu, tout, hormis le rosaire
Où j'égrène mes jours de splendide misère.
Là-bas sur ma montagne, au pays sans souci,
Je chantais pour mon cœur — pour qui chanté-je ici ?
Comme la vierge folle aux robes diaphanes,
Je vais me dévoilant à l'œil des plus profanes ;
Mon cœur est un pays ouvert à tout venant :
Hélas ! qu'y trouve-t-on ? Des tombeaux maintenant !
Pour consolation, j'ai l'âme parfumée
D'ardente poésie. Ah ! mauvaise fumée,

Tu finiras bientôt par ronger l'encensoir!
Mille fois j'aimais mieux celle que, sur le soir,
Je voyais lentement couronner la vallée
Où retourne souvent ma muse inconsolée!

LA MORT DU CŒUR

O beau pays couvert de roses
Dont je suis à jamais banni !
O beau pays couvert de roses
Qui chantait de si douces choses !
Pourquoi tant de métamorphoses ?
     Tout est fini !

J'avais une blanche maîtresse,
L'amour n'est donc pas l'infini ;
J'avais une blanche maîtresse ;
Mais à la première caresse
J'ai vu mourir la charmeresse !
     Tout est fini !

La moisson n'était pas fauchée;
Le pampre n'avait pas jauni ;
La moisson n'était pas fauchée,

La mort sur elle s'est penchée
Et dans le linceul l'a couchée.
  Tout est fini !

J'entends le vent d'hiver qui brame,
Chassant l'automne au sein bruni ;
J'entends le vent d'hiver qui brame,
La neige tombe sur mon âme,
La mort me dit : Je suis ta femme.
  Tout est fini !

VOYAGE AU PARADIS

On était aux beaux soirs de la belle saison :
La cigale en chantant dansait sur la prairie,
La rosée emperlait la luzerne fleurie,
Déjà le ver luisant étoilait le gazon ;

Nous avions dépassé la rustique maison,
Notre barque fuyait avec ma rêverie,
Et ta main dans la mienne, ô ma blanche Égérie !
Nous nous laissions aller vers un doux horizon.

C'était l'heure sereine où toute créature
Prend sa part de ta vie, ô féconde nature !
L'oiseau dans sa chanson, l'abeille dans son miel.

Je prenais un baiser par chaque coup de rame,
Et, comme un pur encens qui monte dans le ciel,
Le parfum de l'amour s'envolait de notre âme.

TABLEAU DU CORRÉGE

Il est un tableau du Corrége
Que j'ai vu naguère à Milan ;
Je disais : Que ne donnerais-je
Pour le revoir une fois l'an !

C'est la Mère de Dieu qui joue
Avec son doux enfant Jésus.
Qu'il est joli ! Comme sa joue
Fleurit sous les baisers reçus !

Il lève ses petits pieds roses
Jusque sur le sein virginal ;
On dirait un bouquet de roses
Tombé du brouillard matinal.

Ce tableau qui ravit mon âme,
Ce chef-d'œuvre où j'ai tant rêvé,
Chez moi, grâce à vous, chère femme,
Au coin du feu je l'ai trouvé.

L'AME DE LA MAISON

N'avez-vous pas vu, drapée en chlamyde,
Une jeune femme aux cheveux ondés,
Qui prend dans le ciel son regard humide,
Car elle a les yeux d'azur inondés ?

Son front souriant qu'un rêve traverse
N'est pas couronné ; mais elle a vingt ans !
Et sur ce beau front la jeunesse verse,
Verse à pleines mains les fleurs du printemps.

Cette femme est belle entre les plus belles !
Je ne suis pas seul à la voir ainsi ;
Ne dirait-on pas un rêve d'Apelles
Que réalisa Corrége ou Vinci ?

Un jour de soleil, Dieu, le seul grand maître,
La prit dans son sein, son sein radieux !

En son Paradis il la voulait mettre,
Mais la curieuse a quitté les cieux.

Soudain la peinture et la statuaire
Ont saisi l'accent de cette beauté,
Et dans sa maison, un vrai sanctuaire,
Son charmant portrait est peint et sculpté.

Mais tous ces portraits que le talent signe
Rappellent-ils bien le charme infini
De ce pur profil, de ce cou de cygne,
Désespoir de l'art — l'art du ciel banni !

Savez-vous pour qui bat ce cœur rebelle,
Pour qui ce front pur luit d'un si beau jour,
Pour qui sa beauté semble encor plus belle ?
L'amour ose-t-il lui parler d'amour ?

Savez-vous pour qui fleurit cette rose,
Cette lèvre où chante un son si charmant,
Et pour qui son cœur, en parlant en prose,
Est toujours poëte ? A-t-elle un amant ?

Je l'ai vue hier : la valse insensée
Dans ses tourbillons l'entraînait sans lui ;
Mais triste elle était toute à sa pensée ;
Pour lui dans sa chambre elle est aujourd'hui.

Il est sur son cœur qui commence à battre;
Il lui parle en maître et porte la main
De ses noirs cheveux à son sein d'albâtre;
Va-t-il rester là jusques à demain?

Dans la solitude et sous la ramée,
La biche aux doux yeux joue avec le faon :
Elle joue ainsi, cette belle aimée,
Et n'en rougit pas, — car c'est son enfant !

ADIEU JEUNESSE

L'heure a sonné : j'ai vu s'enfuir la charmeresse,
La moqueuse Circé qui chante les vingt ans,
Qui répand des rayons de ses cheveux flottants,
Et qui m'a dit adieu pour dernière caresse.

J'ai suivi trop souvent la pâle chasseresse
Sous les pampres brûlés, dans les bois irritants.
Les folles passions ont dévoré mon temps,
Cher temps perdu! Regrets d'une âme pécheresse!

La coupe est épuisée, et j'en ai vu le fond :
J'ai répandu mon cœur en larmes plus qu'en fêtes;
Passions, passions, vos vendanges sont faites!

Voici la mort qui vient. Dans l'abîme profond
Je descends; mais je crois à la métamorphose :
Tu me réveilleras, Aurore aux doigts de rose!

LIVRE DEUXIÈME

LE MUSÉE DU POËTE

LIVRE II

LE MUSÉE DU POËTE

LES CENT VERS DORÉS DE LA SCIENCE

DÉDIÉ A LÉONARD DE VINCI

J'ai tout vu : la luxuriance
M'a couronné dans mes vingt ans;
Mais je cherche encor la science
Sous l'arbre aux rameaux irritants.

Des visions du vieil Homère
J'ai peuplé tous les Alhambras.
— Païenne ou biblique chimère,
Vous m'avez brisé dans vos bras !

Pour m'enivrer, je l'ai saisie,
La coupe d'or, aux mains d'Hébé;
Mais de mes yeux dans l'ambroisie
Ah! que de larmes ont tombé!

Souvent envolé sur un rêve,
Rouvrant le Paradis perdu,
Sous l'arbre j'ai surpris mon Ève,
Rêveuse après avoir mordu.

J'ai, dans ma jeunesse irisée,
Vécu comme un aérien,
Poursuivant ma blanche épousée
Au contour euphanorien;

Fuyant la vision brûlante
Que je recherche tant depuis,
J'ai saisi toute ruisselante
La vérité sortant du puits.

J'ai vu Rachel à la fontaine,
Judith, Susanne et Dalilah;
J'ai surpris la Samaritaine
A l'heure où Dieu la consola.

Madeleine la pécheresse,
Avec passion je l'aimai !
Et Diane la chasseresse
D'un vert amour du mois de mai.

Diane, je me suis fait pâtre
Pour voir tes pieds nus sur le thym !
D'Aspasie et de Cléopâtre
J'ai rallumé le cœur hautain.

J'ai lu les pages savoureuses
Du beau roman vénitien
Dans le regard des amoureuses
De Giorgione et Titien.

J'ai trouvé la cythéréenne
Dorée au flanc comme un raisin,
Et la pâle hyperboréenne
Ciel dans les yeux et neige au sein

Ouïssant chanter les sirènes,
J'ai couru cent fois l'archipel ;
Mais, dans le pays des Hellènes
Nul ne répond à mon appel.

Vainement je me passionne
Pour la sagesse des anciens,
La Minerve de Sicyone
Garde leurs secrets et les siens.

O mon esprit ! quand tu t'enivres,
Mon cœur est toujours étouffé,
Comme la science en ces livres
Dont j'ai fait un auto-da-fé.

Dieux visibles et dieux occultes,
Du Paradis au Phlégéton,
J'interroge en vain tous les cultes
Depuis l'autel jusqu'au fronton.

Quand je suis avec les athées,
Je vois rayonner Dieu partout ;
Et devant les marbres panthées
Je m'incline et j'adore Tout.

J'ai reconnu l'autel antique
Avec Platon au Sunium ;
Mais j'ai vu l'église gothique,
Et j'ai chanté le *Te Deum*.

Michel-Ange devant sa fresque
M'ouvre un ciel sombre et radieux ;
Mais Phidias me prouve presque
Que tous ses marbres sont des dieux.

J'ai lu jusqu'aux hiéroglyphes ;
J'ai couru jusqu'au Labrador ;
J'ai, dans le jardin des califes,
Dérobé la tige aux fleurs d'or.

Sur les ailes du vieux Saturne,
J'ai cueilli tout fruit où l'on mord ;
Mais je commence à sculpter l'urne
Où croissent les fleurs de la mort.

Rabbin, prophète, oracle, brahme,
Les sibylles de la forêt,
L'eau qui chante, le vent qui brame,
Ne m'ont jamais dit le SECRET.

La VÉRITÉ — la POÉSIE
Laissent mon cœur inapaisé,
Et devant le vieux Sphinx d'Asie
Je vais, triste, pâle, brisé.

« Sphinx, révèle-moi le mystère !
Faut-il vivre au ciel éclatant
Avec son âme, — ou sur la terre
Avec son corps toujours flottant ? »

Le Sphinx daigne m'ouvrir son livre
A la page de la raison :
C'EST DANS SA MAISON QU'IL FAUT VIVRE,
LA FENÊTRE SUR L'HORIZON.

La MAISON, c'est mon corps. La joie
Y fleurit comme un pampre vert ;
La FENÊTRE où le jour flamboie,
Ce sont mes yeux : le ciel ouvert !

L'IDÉAL

DÉDIÉ AUX POËTES VIVANTS

J'ai pris une cithare à mon maître Apollon,
Et je chante Idéa dans le sacré vallon.

Chastes filles des bois, nymphes inviolées,
Venez danser en chœur sous vos cheveux voilées.

Venez, ne craignez pas l'œil à toute heure ardent
Des dieux olympiens jusqu'à vous descendant.

Bacchus s'est endormi sur les pieds d'Ariane,
Et seule, pour vous voir, j'entends venir Diane.

Idéa sur la mer naquit, sœur de Vénus,
Un jour que Cynthia secouait ses seins nus.

La vague la porta jusque sur le rivage,
Mais Idéa s'enfuit dans la forêt sauvage.

Ses pieds ne touchaient pas la terre; elle volait
Dans le ciel azuré, plus blanche que le lait.

Elle alla sur les monts que la neige couronne,
Où Phébus ne voit pas de pamprée en automne.

Voilant son chaste sein d'un flottant arc-en-ciel,
Des abeilles d'Hymette elle suça le miel.

Imprimant son beau pied sur la neige éclatane,
Dans l'air et les rayons elle vécut contente.

Le monde aime Idéa depuis quatre mille ans;
Elle rit des amours tendres ou violents.

Nul encor, chevauchant sur l'aigle ou sur la nue,
N'a monté ta montagne, ô déesse inconnue!

Nul, hormis le poëte amoureux; — celui-là
Seul étreint sur son cœur ton sein qu'Iris voila.

FRESQUE DE POMPEIA

DÉDIÉ A ZEUXIS

On voit déjà flotter les vapeurs matinales,
L'aube a teint l'Orient de couleurs virginales ;
La déesse aux yeux fiers est debout sur l'autel,
Portant le diadème à son front immortel.
On voit étinceler au gré du statuaire
La pierre sélénite au fond du sanctuaire.
Déjà le sacrifice inonde les bassins ;
Sous le voile d'Isis, on entrevoit les seins
Fécondants de Junon dont le regard s'allume,
Ces chastes seins plus doux que la neige et la plume !
Elle a le sceptre d'or surmonté d'un coucou,
Un collier de grenade étincelle à son cou,
Elle touche du pied la queue épanouie
Du paon, son cher oiseau dont elle est éblouie,

Les époux, couronnés de myrtes, à pas lents
Viennent s'agenouiller au bord des marbres blancs,
Effeuillant pour Junon le pavot et la rose;
Cependant qu'au parvis l'Hymen au front morose
Allume les parfums et verse un vin pourpré.
Mais que voit-on dans l'ombre, au fond du bois sacré,
Où mollement Zéphyr se balance et murmure?
De beaux groupes d'amants, voilés par la ramure,
Vont chantant que Junon fut jalouse toujours;
Que l'Hymen ne sait pas moissonner tous les jours;
Qu'incessamment Éros couronne la plus belle,
Et pour autel ne veut que le sein de Cybèle.

FRESQUE BYZANTINE

DÉDIÉ A GIOTTO

Jésus s'habille en pauvre et demande l'aumône
 Au seuil d'un riche au cœur d'acier :

« Beau seigneur, qui vivez comme un roi sur son trône,
 « Donnez-moi quelque pain grossier.

« — Avec votre besace, allez dans mon étable;
 « La paresse ici n'entre pas.

« — Donnez-moi seulement les miettes de la table,
 « Pendant que vos chiens sont là-bas.

« — Mes chiens! ne sais-tu point qu'ils m'apportent des lièvres,
 « Des bécasses et des lapins ?

« Tu ne m'apportes rien, pas même les genièvres
    « Qui font chauffer mon four à pains. »

Et Jésus s'en allait, quand il vit une femme
    Qui venait d'une ruche à miel.

Elle avait la beauté, car l'on voyait son âme
    Dans ses yeux bleus couleur du ciel.

« Mon pauvre homme, venez sous mes noires solives,
    « Par la porte où siffle le geai ;

« Je n'ai rien que du miel, des raisins, des olives ;
    « Mais je donne tout ce que j'ai. »

Jésus suivit la femme et répandit sur elle
    L'auréole de sa splendeur ;

Rayon de Paradis et de vie immortelle !
    Et cette femme avec candeur :

« Mon pauvre homme, dit-elle, est-ce déjà la lune
    « Qui répand sur moi sa clarté ?

« — O femme ! entre vos sœurs, en connaissez-vous une
    « Qui se nomme la CHARITÉ ?

« — Mon Dieu ! je monte au ciel sans traverser la tombe,
    « Et j'ai la clef du Paradis.

« — Et là-bas ton voisin avec tout son or tombe
   « Dans l'enfer où sont les maudits.

« Mais, quand il aura soif, je prendrai le ciboire
   « Où mon amour est jaillissant;

« Je mourrai sur la croix pour lui donner à boire
   « Jusqu'à mes larmes et mon sang ! »

LA ROSE BLANCHE

DÉDIÉ A GŒTHE

Idéal ! idéal !

1

Il est une tombe isolée
Au fond de la sombre vallée
Du vieux village d'Oberr-May :
Son urne sculptée est couverte
D'une herbe qui n'est jamais verte,
Même aux beaux jours du mois de mai.

A ses pieds un ruisseau serpente
Et sanglote en suivant sa pente
Sous les ajoncs et les roseaux,

Les sylves et les demoiselles
N'effleurent jamais de leurs ailes
La sombre surface des eaux.

De noirs nuages la couronnent ;
Les montagnes qui l'environnent
Ne s'étoilent jamais de fleurs :
C'est la sépulture d'Hélène.
On y cueille la marjolaine
Et le saule y répand des pleurs.

II

Or, quand un voyageur traverse la vallée
A l'heure triste et sainte où la nuit se répand,
Il n'ose regarder cette tombe isolée,
Et la frayeur sur lui glisse comme un serpent.

Il s'enfuit, il s'arrête à l'auberge prochaine.
Il frappe — l'hôtesse ouvre — il la suit tout craintif ;
En le voyant passer, les chiens, mordant leur chaîne,
Lui jettent pour salut un hurlement plaintif.

Morne comme un soldat qui tombe sans victoire,
Il s'assied au foyer où flambe le sarment,
Et l'hôtesse en émoi lui conte cette histoire
Qu'au temps passé contait sa mère en l'endormant :

III

On voit sur la montagne un vieux pan de muraille
Qui semble défier le temps et son marteau :
Ce géant, demeuré sur le champ de bataille,
Est le dernier débris qui reste du château.

Là demeurait Hélène avec sa vieille mère ;
Ne voyant pas encor les ronces du chemin,
Elle entrait en riant dans cette vie amère,
Et déjà vers l'amour tendait sa blanche main.

IV

« Petites fleurs qui croissez sur la rive,
« Le vent jaloux passe pour vous cueillir ;
« J'appelle en vain, nul amoureux n'arrive,
« Loin de l'amour me faudra-t-il vieillir ?

« Lys qui penchez sur les roses vermeilles,
« Eau murmurante, oiseaux et papillons,
« Bois agités, diligentes abeilles,
« Ramiers plaintifs tapis dans les sillons ;

« O visions qui traversez l'espace,
« Nuage bleu par le vent emporté,
« Priez le ciel qu'un jeune amoureux passe :
« A lui mon cœur, mon âme et ma beauté.

« Je ne suis pas une vierge farouche;
« Vit-on jamais mon sourire moqueur?
« Et n'ai-je pas, tout brûlant sur ma bouche,
« Un doux baiser qu'emprisonne mon cœur? »

V

Hélène errait un jour, avec ses rêveries,
Sur un sable jonché d'étoiles de jasmin;
Un rosier, tout couvert de fleurs sans lendemain,
L'accrocha par la robe à ses branches fleuries.

Elle essaya de fuir, mais en vain; le rosier
Retint avec amour cette robe rebelle,
Et pencha vers la vierge une rose si belle,
Qu'elle s'agenouilla pour mieux s'extasier.

Comme Hélène admirait cette fleur enchantée,
Sa lèvre respira le parfum ravissant
Que répand une rose en s'épanouissant,
Et qui conduit l'amour dans une âme exaltée.

« Réponds-moi, réponds-moi, calice épanoui,
« D'où te vient ce pouvoir qui m'attire et me charme,
« Es-tu mon premier rêve et ma première larme ? »
La rose s'inclina pour lui répondre : « Oui. »

VI

« O rose ! connais-tu ta triste destinée ?
« Le vent t'a-t-il prédit que tu mourrais fanée ?
  « Peut-être que demain
« Par le feu du soleil tes corolles séchées,
« De ta tige bientôt par le vent détachées,
  « Jauniront le chemin.

« Où passeras-tu donc alors, âme transfuge ?
« Si mon âme du moins devenait ton refuge
  « Jusqu'au jour solennel
« Où la jalouse mort fermera mes paupières
« Et me viendra coucher dans le froid lit de pierres
  « Du sommeil éternel ! »

VII

Le soir, l'orage dans la nue
Armait l'éclair étincelant;

Hélène errait dans l'avenue,
Seule avec son rêve brûlant.

Un seigneur passe et lui demande
Sa route au pays inconnu.
Rougissant, la jeune Allemande
Lui dit : « Soyez le bien-venu. »

Dans ses yeux il vit une larme :
« Quoi ! de si beaux yeux éplorés !
« Vous avez la grâce et le charme,
« Vous êtes belle, et vous pleurez !

« — Je pleure, mais que vous importe?
« L'orage gronde à l'horizon ;
« Passez le seuil de cette porte,
« Ma maison est votre maison. »

VIII

Soudain le voyageur, plein de joie, accompagne
Hélène, tout émue, à l'abri de la tour;
On lui fait les honneurs du vin de la montagne,
Vin célèbre qui chante une chanson d'amour.

Le voilà qui s'éprend des grâces ineffables
De cette belle fille ; il tente, mais en vain,

De lui parler d'amour en lui disant des fables,
Comme à travers la coupe on voit rougir le vin.

Elle n'entendait pas, étant toute à son rêve ;
Elle redescendit au jardin pour revoir
Sa rose bien-aimée ; on eût dit une autre Ève,
Près du fruit défendu, disant *Je veux savoir*.

Elle baisa la rose et s'enfuit pâlissante ;
L'amoureux à son tour s'approcha du rosier.
On entendait au loin la chanson ravissante
Du rossignol jetant sa perle à plein gosier.

« Si j'allais te cueillir, ô rose bien-aimée !
« Aurais-je sur Hélène un talisman vainqueur ? »
Il dit, et détacha de sa tige alarmée
La rose charmeresse et la mit sur son cœur.

IX

Hélas ! le lendemain, au bout de la journée,
Il partit, emportant la fleur bientôt fanée,
Laissant au cœur d'Hélène un profond souvenir.
Elle pleura la rose, elle devint malade.
Et sans cesse à sa mère, ainsi qu'en la ballade,
Elle disait : Là-bas, ne vois-tu rien venir ?

Quand s'éveillait l'aurore aux chants de l'alouette,
Quand s'endormait le jour aux cris de la chouette,
Hélène murmurait : Il ne revient donc pas !
Enfin deux voyageurs, un soir, se rencontrèrent
Aux portes du donjon, et tous deux ils entrèrent :
L'un était l'amoureux et l'autre le Trépas.

HÉLÈNE.

Toi, mon ami ! Mais lui ? Quel est-il ? Il m'effraie.
Hélas ! est-ce donc lui que m'annonçait l'orfraie ?
Quel ténébreux regard ! quelle sombre pâleur !
Quelle odeur de tombeau ! quels vêtements funèbres !
Est-ce un mauvais génie, un ange des ténèbres ?
Réponds-moi, quel es-tu, messager de malheur ?

LE TRÉPAS.

Un vieux magicien envoyé sur la terre,
Qui n'apparaît jamais qu'à la fin du mystère.
Les fleurs tremblent d'effroi quand passent les autans.
Dès que je fais un pas, toutes les cloches sonnent,
La terre ouvre son sein et les mortels frissonnent.
Hélène, je t'attends, je t'attends, je t'attends !

HÉLÈNE.

Son souffle sépulcral me glace d'épouvante.
Mon ami, suis-je morte, ou suis-je encor vivante ?

Je croyais être à toi, ne suis-je qu'au Trépas ?
Le vent plus tristement pleure sur les murailles :
N'entends-tu point déjà le glas des funérailles ?
Approche, approche encore et prends-moi dans tes bras !

L'AMOUREUX.

Pourquoi trembler ainsi, mon Hélène, ma belle?
La mort est loin de nous, car la reine Isabelle
Recevra cette nuit son baiser glacial.
Pour nous je vois déjà poindre l'aube infinie :
Enivrons-nous d'amour. — Fuis, ô mauvais génie !
N'ouvre pas un tombeau sous le lit nuptial.

LE TRÉPAS.

A peine si tes bras enlaceraient un arbre ;
Moi, j'enlace le monde, et sur mon sein de marbre
Les générations passent à chaque instant.
Moissonneur éternel de la vallée humaine,
Je fauche sans relâche, et jamais la semaine
N'eut un jour de repos pour mon corps craquetant.

L'AMOUREUX.

Je viens à ton étoile unir ma destinée,
Mon Hélène, revêts ta robe d'hyménée,
Et refleuris encor comme au dernier printemps.

LE TRÉPAS.

Je suis las de ma femme, une vieille qui louche;
J'en veux tenir ce soir une autre dans ma couche.
Hélène, je t'attends, je t'attends, je t'attends!

HÉLÈNE.

Mais quelle douce odeur sur ma bouche est tombée?
Ah! c'est la rose, ami, que tu m'as dérobée.
Hélas! moi qui croyais t'aimer, je te maudis!
Le ciel s'ouvre! La fleur que j'emporte en ma tombe
Était mon IDÉAL. A toi mon corps qui tombe,
O mort! Et vous, mon âme, allez au paradis!

MOLIÈRE

VERS DITS PAR MADEMOISELLE FIX

POUR L'ANNIVERSAIRE DE LA NAISSANCE DE MOLIÈRE

Racine est presque un Grec, Corneille est un Romain ;
Molière, tout Français, a marqué son chemin
Sur le vieux sol gaulois avec sa muse franche
Qui marchait nez au vent et le poing sur la hanche,
OEil vif, gorge orgueilleuse et bonnet de travers,
Raillant les faux atours autant que les beaux airs ;
Belle fille, portant sa dent inassouvie
Sur les travers du monde et les fruits de la vie,
En faisant éclater, du soir jusqu'au matin,
Sa gaieté petillante et son rire argentin,
Comme on voit la grenade, aux fonds d'or des campagnes,
Ouvrir sa lèvre rouge au soleil des Espagnes.

Le roi Louis Quatorze a traversé le Rhin,
Mais que nous reste-il de ce bruit souverain ?

Il nous reste Molière et sa verte ironie :
La conquête, c'est l'art; le roi, c'est le génie?

Si Louis revenait du royaume des morts
Sourire à son passé sans peur et sans remords,
Évoquant sa première ou dernière victoire,
Recherchant son Paris, recherchant son histoire,
Il ne retrouverait, en sortant du tombeau,
Que ta maison, Molière, un Versailles plus beau !
Arche sainte, qui vogue et porte d'âge en âge
Le rire des aïeux, le meilleur héritage;
Panthéon tout vivant, glorieuse maison,
Où le pampre fleurit aux mains de la raison;
Où, comme un beau fruit mûr sur l'espalier qui ploie,
On voit s'épanouir et rayonner la joie;
Où la gaieté gauloise, âme de la chanson,
Court comme un soleil d'or sur la blonde moisson;
Où l'on entend sonner tes grelots, ô Folie!
Toi qu'adorait Érasme en sa mélancolie.

Molière! qui dira les larmes de son cœur,
Quand son esprit jetait un cri grave et moqueur;
Quand le rire charmant, familier à Montaigne,
A tous ceux dont l'esprit est gai, dont le cœur saigne,
Passait sur sa figure inquiète, où Mignard
Trouvait la passion, la poésie et l'art?

Pour lui la Vérité, dans sa verve brûlante,
Sortait du fonds du puits encore ruisselante,

Et dans sa coupe d'or ou dans son broc divin,
Miracle de son art, l'eau se changeait en vin !
Dans son puissant amour, quand il l'avait saisie
A plein corps, il disait : Je tiens la poésie !
Muse au masque rieur, vivante Vérité,
D'un manteau de cheveux couvrant sa nudité.

Saluons, saluons cette muse hardie,
Montrant sa jambe fière en plein marbre arrondie,
Et son rire gaulois armé de blanches dents,
Et ses beaux yeux taillés dans les prismes ardents.

Comme on voit en avril les vives giroflées
Égayant votre front, ruines désolées,
Molière, c'est le rire éclatant et profond
Qui survivra toujours aux choses qui s'en vont.

LE VOYAGE DU POËTE

O poëte voilé par la mélancolie,
Toi qui chantas si bien la pâle volupté,
O pèlerin de l'art, tu reviens d'Italie,
De la belle Italie où Virgile a chanté.

Après avoir couru les sentiers et les grèves,
Vu les mille tableaux, ouï les mille bruits,
Tu reviens palpitant et tu chantes tes rêves,
Comme par souvenir chante l'oiseau des nuits.

Car ton âme n'est pas de ces âmes muettes
Qui vont péniblement traîner leur corps ailleurs.
Ton âme a pris son vol dans le ciel des poëtes,
Pour trouver son olympe en des pays meilleurs.

Ton âme a voyagé comme la blonde abeille
Qui s'enivre en buvant aux bouquets des chemins.
La muse la plus fraîche a rempli ta corbeille,
Et tu jettes sur nous les fleurs à pleines mains.

DEVANT UN PORTRAIT

DE MADAME DE PARABÈRE

Ah ! Léa ! le beau temps ! l'air était imprégné
De folie et d'amour; le cœur était baigné
Des légères vapeurs d'une aube rose et bleue;
On traînait en rêvant l'altière robe à queue;
On suivait Cupido, ses fleurs et son carquois,
Qui vous montrait la route avec ses yeux narquois.
Les saints avaient là-haut bien du fil à retordre,
Car à la pomme d'Ève on savait si bien mordre !
On n'avait pas pour rien créé les paravents,
Il fallait bien aussi repeupler les couvents :
Après avoir vécu comme la pécheresse,
L'esprit plein de folie et le cœur plein d'ivresse,
Est-il rien de plus doux que de se repentir ?
C'est encor de l'amour. Oui, l'on aime à bâtir
La cellule où l'on doit prier jusqu'à la tombe,
Sur la ruine aimée où revient la colombe.
On priait peu d'ailleurs ; la mort dans le printemps
Vous prenait jeune et belle. Ah ! c'était le bon temps !

LE SCEPTRE DU MONDE

Qui donc sous le soleil a le sceptre du monde?

— C'est moi qui suis le roi par la grâce de Dieu.
— Mais vienne un mauvais vent, tu n'as ni feu ni lieu :
On t'exile, ton sceptre est un bâton. Adieu !

Qui donc sous le soleil a le sceptre du monde?

— Croyez-m'en, la charrue est le sceptre sacré ;
Le laboureur est roi, le blé pousse à son gré...
— Que peut contre un orage ou ton champ ou ton pré?

Qui donc sous le soleil a le sceptre du monde ?

Les guirlandes d'amour se fanent dans la main,
L'orgueil baisse le front au terme du chemin,
Les roses de Tibur n'ont pas de lendemain.

Ta bêche, ô fossoyeur ! est le sceptre du monde.

L'HERBE QUI GUÉRIT TOUT

DÉDIÉ A GÉRARD DE NERVAL

Une herbe est ici-bas qui guérit tous les maux :

Où fleurit-elle, en Égypte, en Espagne.
Dans mon pays, sous la vigne, en Champagne?

Fleurit-elle sous les rameaux,
Dans les bois ou dans les prairies?
Dans le jardin des Tuileries
Ou sur le chaume des hameaux?

Je l'ai cherchée en vain sur le rivage,
Dans le sentier, sous la roche sauvage...

L'herbe qui guérit tout fleurit sur les tombeaux.

MARTIA ET MARGUERITE

DÉDIÉ A MICHEL-ANGE

Martia la Romaine à la palette ardente,
Qui peignit des tableaux qu'aurait signés le Dante,
Voulut vivre pour l'Art. Plus d'un jeune Romain
Lui parla maintes fois d'amour sur son chemin ;
Elle te fut rebelle, ô Vénus d'Ionie !
Et son cœur ne brûla que des feux du génie.

L'Art fut le divin culte où son esprit rêveur
S'enfermait avec joie en ses jours de ferveur ;
Son atelier était le temple où la vestale
Veille avec piété sur la flamme fatale.

Ses compagnes en vain lui chantaient doucement
La chanson qui jaillit des lèvres d'un amant
Et court comme le feu sur les rives du Tibre ;
Martia leur disait : « Esclaves, je suis libre ;

« Je n'appartiens qu'à l'Art, l'Art, cet enfant des dieux,
« Qui ceint mon chaste front d'un éclat radieux;
« Ma couronne invisible, ô mes chères compagnes!
« Est plus douce à porter que la fleur des campagnes
« Dont le pâtre amoureux s'enivre le matin,
« Alors que la rosée emperle encor le thym.
« Vous hantez ici-bas la passion profane
« Qui n'a rien d'immortel, qui fleurit et se fane;
« Ma sainte passion est vivante à jamais,
« Et j'aimerai demain ainsi qu'hier j'aimais.
« Moi, je n'habite point la terre; un Élysée
« Que les dieux m'ont bâti sur la nue irisée
« M'enlève à vos plaisirs, jeunes filles, mes sœurs,
« Biches aux doux regards qui cherchez les chasseurs. »

Fuyant les voluptés de cette vie humaine,
Elle parlait ainsi, Martia la Romaine.

Marguerite Van Eyck, quinze siècles après,
Pareille à Martia, découvrit les secrets.
D'en haut, et ne voulut pas vivre pour la terre;
Elle enferma son cœur dans l'Art, un cloître austère
Où l'ange du Seigneur, touché de sa beauté,
Garda le beau lys blanc de sa virginité.
Pourtant elle vivait à Bruges l'espagnole,
Ville aux yeux éclatants, alors bruyante et folle,
Et puis elle habitait un riche intérieur
Avec son frère Jean, esprit doux et rieur;
Elle aimait la musique et ses pures délices,

Elle buvait la vie aux plus rares calices,
Et, quand elle peignait, fidèle à ses instincts,
En ouvrant les fonds d'or des maîtres byzantins,
Elle ornait ses tableaux de fraîches perspectives,
Forêt, prairie en fleurs, montagne aux sources vives,
Pour faire au Créateur un trône éblouissant.
Pareille à Martia, dans son amour puissant,
Marguerite était moins chrétienne qu'artiste;
Témoins les horizons de son *Saint-Jean-Baptiste*.

Ainsi le culte ardent qui leur ouvrait les cieux,
Ce fut l'amour de l'Art, et non l'amour des dieux.

Saluons, saluons ces deux filles sublimes
Qui voulaient n'habiter que les altières cimes,
Qui n'avaient pas besoin de passer le tombeau
Pour vivre loin du monde et voir le ciel plus beau.
La mort, en les frappant, n'a rien changé pour elles,
Car elles connaissaient les sphères éternelles.

LE 24 FÉVRIER

DÉDIÉ A CONDORCET

Le monde a-t-il fini son temps?
Pour venger la misère humaine,
Le Dieu des colères amène
Un déluge aux flots éclatants.

L'arc-en-ciel de l'amour a traversé les nues :
Heures de l'âge d'or, êtes-vous revenues?

Au vieux palais du roi proscrit
Que la vague immense environne,
Il ne reste qu'une couronne :
La couronne de Jésus-Christ !

L'arc-en-ciel de l'amour a traversé les nues :
Heures de l'âge d'or, êtes-vous revenues?

Le monde renaîtra demain;
Voyez : sur la vague qui marche,

Le doigt de Dieu conduit une arche :
C'est l'arche du salut humain.

L'arc-en-ciel de l'amour a traversé les nues :
Heures de l'âge d'or, êtes-vous revenues ?

Symbole à jamais désiré,
Que notre colombe divine
S'envole où déjà l'on devine
La rive du rameau sacré.

L'arc-en-ciel de l'amour a traversé les nues :
Heures de l'âge d'or, êtes-vous revenues ?

L'EMPIRE, C'EST LA PAIX

STROPHES DITES PAR MADEMOISELLE RACHEL

A LA REPRÉSENTATION

DONNÉE A L'EMPEREUR NAPOLÉON III

I

Je suis la Muse de l'histoire,
Mon livre est de marbre ou d'airain;
Quand vient l'heure de la victoire,
Je prends mon style souverain.

Phidias, l'autre Prométhée,
Qui des hommes a fait des dieux,
En son Parthénon m'a sculptée
Pied sur terre et front dans les cieux.

Un cycle rayonnant commence :
Le vieux monde s'est réveillé;
Déjà, dans l'horizon immense,
L'étoile d'or a scintillé.

II

L'Empire, c'est la paix ! la paix sera féconde;
Quand Dieu veut que du Nil les flots soient assoupis,
Où le Nil débordait jaillissent les épis :
L'Empire a débordé pour féconder le monde !

Continuant cette œuvre, il pourra la signer,
L'héritier du grand nom qui dominait naguère;
L'Empereur a légué la gloire, et non la guerre :
Triompher dans la paix, aujourd'hui, c'est régner.

Grande ruche en travail par les beaux-arts charmée,
Paris, une autre Athène ! Alger, une autre Tyr !
Des landes à peupler, des villes à bâtir,
Voilà les bulletins de notre Grande Armée !

Sous le même drapeau, vainqueur des factions,
Ramener les enfants de la mère patrie;
Consoler tes douleurs, ô Niobé meurtrie !
Et convier le peuple aux grandes actions.

Saluons, saluons la fête universelle
Que promet le travail et que bénira Dieu :
La vapeur entr'ouvrant ses cent ailes de feu,
Et les sillons où l'or de nos gerbes ruisselle !

III

L'aigle a repris son vol et plane sur nos champs.
Sous un ciel radieux la France enfin respire,
Et rêve en souriant un immortel empire
Qu'un peuple enthousiaste acclame de ses chants.

Refaisons des tableaux dignes de la Genèse;
Que tout renaisse et vive, et que de toute part
Les plus déshérités puissent prendre leur part
A ces amples festins que peignait Véronèse.

Les Muses, qu'effrayaient tant de cris inhumains,
Vers les cieux en pleurant remontaient désolées :
Muses, revenez-nous, calmes et consolées,
Sous les arcs de triomphe élevés par nos mains.

Que l'art, les monuments, les tableaux, les statues,
Prince, disent tout haut quels jours tu nous as faits,
Et comment, sous l'éclat de tes hardis bienfaits,
Les sourdes passions devant toi se sont tues.

O prince ! l'avenir qu'hier tu fécondas
Nous promet les splendeurs des âges magnifiques;
Et, pour suivre avec toi tes aigles pacifiques,
Les Français, tu l'as dit, seront tous tes soldats.

IV

Je suis la Muse prophétique,
Le passé me dit l'avenir;
Toujours jeune et toujours antique,
Le monde ne doit pas finir.

Les abeilles sont revenues,
Étoiles du manteau vermeil,
Et l'aigle monte dans les nues,
Monte, monte jusqu'au soleil !

La jeune France martiale,
Qui va guidant l'humanité,
Avec l'idée impériale
Rentre enfin dans sa majesté.

SAPHO

DÉDIÉ A JEAN-JACQUES

I

SAPHO A PHAON

Quand je suis près de toi, le feu court dans mes veines,
Je m'enivre à longs traits de tout ce que je vois;
Répands sur mes cheveux le parfum des verveines,
Et parle-moi d'amour, car j'ai perdu la voix.

Je me suspends à toi comme à la vigne ardente,
Je veux les passions et leurs déchirements;
Je bois la poésie à ta lèvre abondante,
Je pâlis et je meurs dans mes enivrements.

Je suis tout éperdue en mon divin désordre,
Ton souffle ardent sur moi court comme un vague écho,
Je sens dans mes bras nus la volupté se tordre :
Phaon, dans ton amour, ensevelis Sapho!

II

LA MORT DE SAPHO

Enfin tout va finir! — voilà le rocher nu
D'où je m'élancerai dans le monde inconnu.
Hélas! et le cruel rira de ma folie,
Et du dernier adieu de ma bouche pâlie.
Croit-il donc qu'après lui j'irais encor courir?
Non; c'est trop de douleur, et j'aime mieux mourir!
Déjà j'ai traversé les enfers; puis-je vivre
Quand l'amour a pour moi fermé son divin livre?
Quand mon cœur, tout saignant des folles passions,
N'est plus bon qu'à jeter en pâture aux lions?
Vivre, quand mon esprit, cher au sacré rivage,
S'est à jamais perdu dans ce rude esclavage?
Quand ma bouche si fraîche est flétrie à jamais
Sous les pleurs dévorants; quand tout ce que j'aimais,
Tout ce que j'aime encor m'oublie et me torture?
Mourons, et cachons-lui le sang de ma blessure.
Ma mort lui redira les jours évanouis
Où l'amour transportait nos cœurs épanouis,
Cette aube lumineuse où chantait la Chimère
Sur la harpe d'argent avec l'âme d'Homère;
Où les Heures, jetant des fleurs à pleine main,
Dansaient autour de nous, dansaient sur le chemin!

Et ces nuits où Phœbé, voyant ma gorge nue,
Voilait ses chastes yeux dans l'ombre de la nue;
Où les étoiles d'or descendaient doucement
Pour couronner nos fronts de leur rayonnement;
Où les Olympiens, jaloux de nos délires,
Jetaient avec fureur leurs coupes et leurs lyres;
Où Vénus elle-même ouvrait violemment
Ses bras tout enflammés pour saisir mon amant.
Le cruel! Laissez-moi, serpents de jalousie,
Dans vos enchaînements suis-je encor ressaisie?
Le cruel! Est-ce donc pour m'outrager toujours
Qu'il me rendait l'espoir au dernier de mes jours?

Mourir dans ma jeunesse et dans ma poésie!
Mourir frappée au cœur! ô sombre frénésie,
O tourments des enfers, ô vengeance des dieux
Qui ne pardonnent pas aux amours radieux!
Quoi qu'ils fassent, je suis à présent immortelle,
J'irai m'asseoir aussi dans leurs banquets, et telle
Que les muses, mes sœurs, sur la cithare d'or,
Mon amour indompté, je veux le dire encor.
Et Jupiter peut-être, indigné du parjure,
Te frappera, Phaon, pour laver mon injure.
Cruel! si Jupiter voulait frapper ton cœur,
J'arrêterais sa main, ô Phaon, mon vainqueur!
Si tu ne m'aimes plus, c'est ma faute : une amante
Est dans son tort sitôt qu'elle n'est plus charmante.
J'aurais dû sur ton cœur veiller toutes les nuits
Et ne point y laisser arriver les ennuis;
J'aurais dû, te berçant, bacchante inassouvie,

Ne chanter que pour toi la chanson de la vie.
Ne t'aimais-je pas trop, ô Phaon! pour avoir
La science d'aimer? T'aimer, c'était savoir!

Des larmes! O Sapho! n'écoute point ton âme,
Qui, comme un cerf blessé, fuit le jour, pleure et brame.
Point de lâches douleurs! je mourrai vaillamment,
Sans un seul souvenir pour le perfide amant!
Qu'il aille où son amour l'entraînera; qu'importe
Si le fleuve des morts à tout jamais m'emporte!

Hélas! je veux le fuir, mais pour le retrouver;
Sur le sein de la mort je veux encor rêver
A ses beaux yeux baignés de flammes amoureuses;
A sa bouche pareille aux pêches savoureuses.
Je veux encore entendre en mon âme sa voix,
Sa voix qui caressait mes lèvres autrefois,
Sa voix qui suspendait les hymnes sur ma lyre,
Sa voix qui m'empêchait de chanter et de lire.
Je vais monter! Encor si j'avais pour appuis
Tes douces mains, Phaon, car sans toi je ne puis
Traîner mes tristes pieds et je perds tout courage.
Réveille-toi, mon cœur, pour ce dernier naufrage!

Je vais me dépouiller de toute ma splendeur,
Et je ne garderai qu'un voile à ma pudeur.

O mon maître Apollon! reprends cette couronne.
Nuit de la tombe, éteins l'éclat qui m'environne.

Chères fleurs, que le vent vous reporte vers lui !
Ah ! quand il les cueillait, quels beaux jours nous ont lui !
Ah ! qu'il aimait l'amante et qu'il aimait la muse !
Pauvres perles ! qu'une autre à son tour s'en amuse.
Qu'il ne me reste rien, pas même ma beauté,
Pas même son portrait sur cet anneau sculpté !
Ce bracelet d'argent qui me vient de ma mère
M'accompagnera seul au fond de l'onde amère.
Adieu, vaines grandeurs ! Je vous salue, ô flots !
Vous qui me bercerez au chant des matelots.
Vous ne glacerez pas ma bouche inapaisée,
Car Phaon seul avait la divine rosée.

Et vous, mes vers, trésors à mon cœur arrachés,
Réveil des souvenirs dans le tombeau couchés,
Mon amour, mon orgueil, ma joie et mon délire,
Je ne crois plus à vous, et j'ai brisé ma lyre,
Quand Phaon a brisé mon cœur. Tout est fini.
Dieux, qui m'avez donné la soif de l'infini,
Et qui m'avez ouvert les bras sur la chimère,
Pourquoi ne m'avoir pas permis d'être une mère ?
J'aurais fermé mes bras sur quelques beaux enfants
Plus blonds que les amours, plus joueurs que les faons.
Assise sur le seuil et les voyant s'ébattre...
C'était là, c'était là que nos cœurs devaient battre !

Ailleurs, avec Phaon, que nous montions gaiement !
Mais nous nous arrêtions à chaque embrassement !
Nous allions à l'amour, quel que fût le rivage,
Et je vais à la mort en ma douleur sauvage.

Je ne pardonne pas en mourant; que les dieux
Te foudroient, ô Phaon! Ton amour odieux
Retombera sur elle : il faudra qu'elle expie
Les tourments infernaux de cet amour impie.
J'enchaînerai son cœur, déchiré par lambeaux,
Sur un roc où viendront se nourrir les corbeaux...
Si tu savais, Phaon, comme je t'aime encore!
Tu ne me verras plus à la prochaine aurore.
Si tu vas sur la mer... et si tu te souviens...
A nos beaux soirs passés, Phaon, si tu reviens,
Les vagues te diront que ma bouche mourante
Cherchait la tienne encor sur la vague pleurante;
S'il vient t'interroger, ô mer! tu lui diras
Qu'en mourant je croyais me jeter dans ses bras.

III

LE TOMBEAU DE SAPHO

CHANT DES SYRÈNES.

Elle a dit son secret aux filles de la mer,
 Parmi nous la muse est venue,
Versant au flux les pleurs de son amour amer,
 Et nous livrant sa gorge nue.

Elle a dit son amour et sa douleur aux flots
    Du haut du rocher prophétique;
Nous avons recueilli les cris et les sanglots
    De son désespoir poétique.

Elle est morte, Sapho; mais le tombeau mouvant,
    Les grandes vagues écumantes,
Diront longtemps encor que son cœur est vivant
    Dans le cœur des folles amantes.

Elle est morte, Sapho, pour avoir trop aimé
    En sa passion souveraine;
Mais son âme vivra dans l'avenir charmé,
    Son âme, invisible syrène.

Couchons-la doucement dans un lit de roseaux.
    Sous ses cheveux ensevelie,
Qu'elle dorme à jamais au bruit chanteur des eaux,
    Et que son triste cœur oublie!

L'IMMORTALITÉ DE L'AME

DÉDIÉ A DIDEROT

LE CORPS

Qui frappe si matin ? Madame,
Entrez donc un instant chez moi.

L'AME.

Me connais-tu ? Je suis ton âme.
J'ai voyagé la nuit sans toi.

LE CORPS.

C'est vrai ; tu battais la campagne
Pendant mon sommeil accablant.

L'AME.

Je me bâtissais en Espagne
Quelque château de marbre blanc.

LE CORPS.

Mon âme, n'es-tu plus heureuse
Sur ce gai balcon où j'aimais ?

L'AME.

Non, et je vais, aventureuse,
Où tes pieds n'atteindront jamais.

LE CORPS.

O mon âme ! point de divorce,
Soyez l'abeille, et moi le miel.

L'AME.

Je suis la séve, et toi l'écorce ;
Je fleuris et je monte au ciel.

LE CORPS.

Moi, je suis la maison natale,
Enfant prodigue, où tu reviens !

L'AME.

Non, je suis l'aube matinale
Qui t'éclaire, tu t'en souviens.

LE CORPS.

Oui, ta lumière me pénètre
Et m'ouvre l'horizon lointain.

L'AME.

Comme un soleil à la fenêtre,
Je t'apparais chaque matin.

LE CORPS.

Sous l'herbe funèbre et sauvage,
O mon âme ! tu me suivras.

L'AME.

Non, déjà j'aspire au rivage
Où les dieux me tendent leurs bras.

LE CORPS.

Quand la maison tombe en ruine
La lampe qui brûlait s'éteint.

L'AME.

Non, je suis la clarté divine,
Je touche à tout, rien ne m'atteint.

LE SANG DE VÉNUS

DÉDIÉ A ASPASIE

Idéal adoré de Zeuxis et d'Homère,
Nonchalante Vénus, fille de l'onde amère,
Votre reine, ô rêveurs ! qui vivez de loisir,
Vénus au sein de neige où fleurit le désir ;

Celle qui fuyait Cypre et ses ardents rivages,
Pour s'envoler au bord des fontaines sauvages
Où reposait le pâtre aussi beau que les dieux,
La Vénus d'Ionie au regard radieux ;

Celle que les printemps ont toujours couronnée,
Quand elle fut atteinte en protégeant Énée,
Les Heures l'entouraient, les mains pleines de fleurs :
Soudain, le sang jaillit, tous les yeux sont en pleurs.

L'une cueille une rose avec sa tige verte,
— Rose blanche — et la porte à la blessure ouverte.

Le sang teignit la rose à ce moment fatal,
Comme un vin généreux empourpre le cristal.

Et sur la rose rouge, on vit la Poésie
Y répandre aussitôt un parfum d'ambroisie.
Ce parfum n'est-il pas, ô Vénus Astarté !
L'âme de la jeunesse et de la volupté ?

CELLE QUI A TROP AIMÉ

Au bord de l'étang d'Aigues-Belle,
Au mois de mai, dans sa fraîcheur,
J'ai vu revenir Isabelle
Appuyée au bras du pêcheur.
En montant dans la passerelle,
Le pêcheur lui prit à la main
Une fleur cueillie en chemin.
Ah! Seigneur Dieu! qu'elle était belle!
Au bord de l'étang d'Aigues-Belle!

Au bord de l'étang d'Aigues-Belle,
Se cachant le front dans la main,
Lorsque vint l'automne, Isabelle
Pleurait seule sur le chemin :
Sans doute pour un plus belle
L'amoureux s'en était allé.
Oh! mon Dieu! quel cœur désolé
Battait dans le sein d'Isabelle,
Au bord de l'étang d'Aigues-Belle!

Au bord de l'étang d'Aigues-Belle,
Et jusqu'au bout du chemin vert,
J'ai cherché ce soir Isabelle,
Mais je n'ai trouvé que l'hiver.
Sur la fragile passerelle
Il neigeait ; j'entendais le vent
Pleurer dans le bois du couvent.
Où donc étiez-vous, Isabelle ?
— Au fond de l'étang d'Aigues-Belle.

LA NUIT DES NOCES

TABLEAU ROCOCO

Minuit! Une lampe d'albâtre
Jette au loin des rayons tremblants,
Les phalènes viennent s'abattre
Sur les franges des rideaux blancs.

Emmeline, déjà couchée,
Ferme l'oreille aux beaux discours
De sa candeur effarouchée
Qui vient en vain à son secours.

Albert s'est enfui de la fête,
Près d'Emmeline il va veiller.
La belle songe à sa défaite,
Et fait semblant de sommeiller.

L'époux, comme un amant, folâtre.
La candeur en vain se débat :

Encore une œillade idolâtre,
Et l'épouse est hors de combat.

Quand la candeur, dans le vertige,
Tombe sous le coup qui l'atteint,
L'amour dans l'ivresse voltige
Autour de la lampe et l'éteint.

LE CHEMIN DE LA VIE

A SAINT AUGUSTIN

La vie est le chemin de la mort; ce chemin
N'est d'abord qu'un sentier fuyant par la prairie,
Où la mère conduit son enfant par la main,
    En priant la vierge Marie.

Aux abords du vallon, le sentier des enfants
Passe dans un jardin. Rêveur et solitaire,
L'adolescent effeuille et jette à tous les vents
    Les roses blanches du parterre.

Quand l'amoureux s'égare en ce bosquet charmant,
Il voit s'évanouir ses chimères lointaines,
Et le démon du mal l'entraîne indolemment
    Au bord des impures fontaines.

Plus loin, c'est l'arbre noir — détourne-toi toujours,
L'arbre de la science où flottent les mensonges :

Garde que ses rameaux ne voilent tes beaux jours,
　　Et n'effarouchent tes beaux songes.

En quittant le jardin, la fleur et la chanson,
La Jeunesse et l'Amour qui s'endorment sur l'herbe,
Le voyageur aborde au champ de la moisson,
　　Où son bras étreint une gerbe.

De sa moisson il va bientôt se reposer
Sur la blonde colline où les raisins mûrissent ;
Pour la coupe enivrante il retrouve un baiser
　　A ses lèvres qui se flétrissent.

Plus loin, c'est le désert, le désert nébuleux,
Parsemé de cyprès et de bouquets funèbres ;
Enfin, c'est la montagne aux rochers anguleux,
　　D'où vont descendre les ténèbres.

Pour la gravir, passant, Dieu te laissera seul.
Un ami te restait, mais le voilà qui tombe ;
Adieu ; l'oubli de tous t'a couvert du linceul,
　　Et tes enfants creusent ta tombe !

O pauvre pèlerin ! il s'arrête en montant ;
Et, se voyant si loin du sentier où sa mère
L'endormait tous les soirs sur son sein palpitant,
　　Il essuie une larme amère.

Se voyant loin de vous, paradis regrettés,
Dans un doux souvenir son cœur se réfugie:
Se voyant loin de vous, ô jeunes voluptés !
    Il chante une vieille élégie.

En vain il tend les bras vers la belle saison,
Il jette des sanglots au vent d'hiver qui brame;
Il a vu près de lui le dernier horizon,
    Déjà Dieu rappelle son âme.

Quand il s'est épuisé dans le mauvais chemin,
Quand ses pieds ont laissé du sang à chaque pierre,
La mort passe à propos pour lui tendre la main
    Et pour lui clore la paupière.

A LÉLIA

O fille de l'amour et de la liberté !
O folle Madeleine ! ô pécheresse austère !
Ton front est dans le ciel, ta bouche est sur la terre,
Reine de poésie et reine de beauté !

Ton génie adorable est un arbre enchanté
Qui déjà donne un fruit dont le suc nous altère,
Quand il secoue encore aux abords d'un cratère
Une neige de fleurs pleine de volupté.

Nouvel ange déchu, nouvelle Ève punie,
O femme par le cœur, homme par le génie,
Chante, et promène-nous dans ton cher alhambra.

Quand le souffle fatal aura brisé ton aile,
Quand tu seras tombée en la nuit éternelle,
Une étoile de plus sur nous rayonnera.

LES DEUX SIÈCLES

Notre siècle est plus grand que le siècle passé;
Le Christ est revenu, la couronne d'épines
Arrose encor nos cœurs de ses gouttes divines;
Le rire de Voltaire a pour jamais cessé.

O galant Crébillon! ton trône est renversé!
On ne feuillette plus tes pages libertines
Sur un sofa doré, tout en faisant des mines
A l'abbé qui débite un sermon insensé.

La Nature aujourd'hui, voilà l'enchanteresse!
On poursuit dans les bois la blanche chasseresse;
Le poëme du cœur est le roman qu'on lit.

Maintenant que l'amour refleurit sur la terre,
On aime sous le ciel; au bon temps de Voltaire,
Le ciel des amoureux, c'était le ciel du lit.

LA COURONNE D'ÉPINES

Quand le poëte passe en l'avril de sa vie,
Il cueille avec l'amour les fleurs de son chemin,
La grappe du lilas, l'étoile du jasmin,
Le doux myosotis dont son âme est ravie.

Tantôt c'est pour Ninon, tantôt c'est pour Sylvie;
Pour orner le corsage ou pour fleurir la main;
— Souvenir de la veille — espoir du lendemain,
O poëtes, cueillez! le ciel vous y convie.

Cueillez, car ces fleurs-là sont les illusions!
Poëtes, suivez-les, vos blanches visions,
Dans le monde idéal, sous les splendeurs divines.

Mais, quand vous n'aurez plus la couronne de fleurs,
Ne vous étonnez pas de répandre des pleurs;
Car vous aurez alors la couronne d'épines.

LA SCIENCE

J'ai vu de jolis vers dans le vieux Fontenelle.
Huit vers, pas un de plus, mais un huitain charmant.
Seule rose à cueillir en pays si normand
Où l'on fait des bouquets avec la pimprenelle.

Quand je fuis tout rêveur les amours de ma belle,
Quand le poëte en moi l'emporte sur l'amant
Pour suivre la Science en son égarement,
Il me vient de l'alcôve une voix qui m'appelle :

— Il est déjà minuit, pourquoi toujours veiller?
Viens reposer ton front sur un doux oreiller,
Viens reposer ton âme en mon âme ravie.

— Je cherche la Science en ce livre maudit.
— La Science? ignorant! tu ne sais pas la vie!
La Science, c'est moi, le Serpent me l'a dit.

BÉRANGER A L'ACADÉMIE

AIR CONNU

Non, mes amis, non, je ne veux rien être ;
C'est là ma gloire ! adressez-vous ailleurs.
Pour l'Institut Dieu ne m'a pas fait naître,
Vous avez tant de poëtes meilleurs !
Je ne sais rien qu'aimer, chanter et vivre,
Et je veux vivre encore une saison !
Je n'y vois plus ; Lisette est mon seul livre :
Mon Institut, à moi, c'est ma maison.

Qu'irais-je faire en votre compagnie ?
Il me faudrait écrire un long discours !
A mes chansons j'ai borné mon génie,
Et, si mes vers sont bons, c'est qu'ils sont courts.
Ici, messieurs, la Muse est familière,
Pourvu qu'on ait la rime et la raison.
Ici Courier a commenté Molière...
L'Académie était dans ma maison.

Vous le voyez, c'est la maison du sage,
Et l'hirondelle y revient au printemps ;
Je suis comme elle un oiseau de passage,
Depuis Noé j'ai parcouru les temps.
Je fus un Grec au siècle d'Aspasie,
J'ai consolé Socrate en sa prison ;
Homère est là : chantez, ma poésie !
J'ai réveillé les dieux de ma maison.

Hier, j'étais sur le pas de ma porte,
Quand l'Orient soudain s'illumina...
Qu'entends-je au loin ? Le vent du soir m'apporte
Les airs connus d'Arcole et d'Iéna !
Ils sont partis, les jeunes gens stoïques :
Quatre-vingt-neuf, ils gardent ton blason !
Dieu soit en aide aux soldats héroïques !
Je les bénis du seuil de ma maison.

Vos verts rameaux ceignent des fronts moroses ;
Il ne faut pas les toucher de trop près,
Je veux mourir en respirant des roses,
Et vos lauriers ressemblent aux cyprès.
Roseau chantant, déjà ma tête plie,
Laissez-moi l'air, laissez-moi l'horizon !
Immortel, moi ! Mais chut ! la Mort m'oublie..
Si vous alliez lui montrer ma maison !

DÉSAUGIERS A L'ACADÉMIE

AIR CONNU

Un fauteuil les bras ouverts !
  Mais j'en suis indigne,
Car les meilleurs de mes vers
  Chantent sous la vigne.

Loin de vous j'ai navigué,
Toujours libre et toujours gai ;
  J'aime mieux ma mie,
    O gué !
  Que l'Académie.

Le vin coule sur mes jours
  Comme une fontaine.
Je suis Jean qui rit toujours,
  Vrai Jean La Fontaine.

Loin de vous j'ai navigué,
Toujours libre et toujours gai ;
J'aime mieux ma mie,
O gué !
Que l'Académie.

On ne chante pas chez vous,
Et l'on n'y boit guère.
Mes discours sont des glouglous :
Que dirait mon verre ?

Loin de vous j'ai navigué,
Toujours libre et toujours gai ;
J'aime mieux ma mie,
O gué !
Que l'Académie.

Je désapprends mon latin
Sur deux lèvres roses,
Et n'aime soir et matin
Que l'esprit des roses.

Loin de vous j'ai navigué,
Toujours libre et toujours gai ;
J'aime mieux ma mie,
O gué !
Que l'Académie.

La fille du cabaret,
  Brune, rousse ou blonde,
Me verse avec son claret
  Tout l'espoir du monde.

Loin de vous j'ai navigué,
Toujours libre et toujours gai ;
  J'aime mieux ma mie,
    O gué !
  Que l'Académie.

L'Institut a l'air en deuil,
  Ne vous en déplaise :
Offrez donc votre fauteuil
  Au père Lachaise.

Loin de vous j'ai navigué,
Toujours libre et toujours gai;
  J'aime mieux ma mie,
    O gué !
  Que l'Académie.

LES QUATRE SAISONS

— Sonnet, que me veux-tu ? — Je chante les saisons !
Le Printemps en sa fleur est l'amoureux poëte
Qui souffle dans les luths de la forêt muette,
Depuis les chênes verts jusqu'aux neigeux buissons.

L'Été, c'est un penseur à tous les horizons :
Le matin il s'éveille aux chants de l'alouette,
On voit jusques au soir flotter sa silhouette,
Tant il aime à cueillir l'épi d'or des moissons.

L'Automne est un critique effeuillant la ramure
Pour voir le tronc de l'arbre et rêver sous le houx ;
L'aveugle ! il ne voit pas que la vendange est mûre.

L'Hiver, un misanthrope, un spectateur jaloux
Qui siffle avec fureur, dans l'ouragan qui brame,
Les roses, les épis, les raisins et son âme.

LA MAITRESSE DU TITIEN

DÉDIÉ A GIORGIONE

O fille de Palma! Violante adorée,
Poëme que Titien jusqu'à sa mort chanta,
Folle œuvre du Très-Haut par le soleil dorée
Comme un pampre lascif qu'arrose la Brenta!

Fleur de la volupté, splendide Violante,
Ton nom vient agiter la gorge avant le cœur,
Tu soulèves l'amour sur ta lèvre brûlante,
Où les pâles désirs s'abattent tous en chœur.

O fille de l'Antique et de la Renaissance,
Espoir des dieux nouveaux, rappel des dieux anciens,
Païenne par l'éclat et la magnificence,
Histoire en style d'or des cœurs vénitiens,

Sur le marbre un peu blond de ton épaule altière,
Que j'aime tes cheveux à longs flots répandus!

Dans ces spirales d'or que baigne la lumière,
Que de fois en un jour mes yeux se sont perdus !

Palma faisait de toi sa plus pure madone,
La vierge de quinze ans t'adore en ses portraits ;
Titien faisait de toi Madeleine qui donne,
Qui donne à ses amants ses visibles attraits.

O femme, tour à tour chaste comme Susanne
Et faible comme Hélène, — Idéal, Vérité, —
Viens me dire pourquoi, divine courtisane,
Pourquoi Dieu t'a donné cette ardente beauté.

C'est qu'il faut que le cœur à l'esprit s'harmonise ;
Titien cherchait encor les sentiers inconnus :
Pour qu'il eût du génie, ô fille de Venise !
Tu sortis de la mer comme une autre Vénus.

Dans tes yeux noirs et doux sa gloire se reflète ;
Car cet or qu'on croirait au soleil dérobé,
Ces prismes, ces rayons, ces fleurs de sa palette,
Par un enchantement, de tes mains ont tombé.

Oui, grâce à toi, Titien réalisa son rêve :
Sans l'amour à quoi bon les splendeurs de l'autel ?
Dieu commence l'artiste et la femme l'achève :
C'est par la passion qu'on devient immortel.

LA CHANSON DU FAUNE

DÉDIÉ A BENVENUTO CELLINI

Elle est cassée, elle est cassée,
Ma cruche que j'aimais !
Pour moi toute joie est passée ;
Elle est cassée !
Je n'y boirai plus jamais,
Jamais !

Qu'un funèbre cyprès s'incline sur ma tête.
O Jupiter ! dis-moi si, le jour de ta fête,
Une cruche si belle était aux mains d'Hébé ?
Ah ! combien je maudis l'heure où je suis tombé !

Quand l'hamadryade légère
Toute palpitante accourait
Devant ma grotte bocagère,
A ma cruche elle s'enivrait.

Un jour, — quel souvenir! — je rêvais sous un arbre;
En poursuivant un cerf, Diane aux pieds de marbre
Me demanda ma cruche et la vida d'un trait.
Ah! comme j'ai suivi ses pas dans la forêt!

  Elle est cassée, elle est cassée,
   Ma cruche que j'aimais!
  Pour moi toute joie est passée;
   Elle est cassée!
  Je n'y boirai plus jamais,
   Jamais!

Apollon sur ma cruche avait gravé l'histoire
De Pan, qui dans ses bras, cherchant une victoire,
Vit en roseaux chanteurs se métamorphoser
La nymphe Ea fuyant ainsi l'ardent baiser.

  Mais Pan, enivré par la lutte,
  Sous ses dents coupa des roseaux
  Dont il fit soudain une flûte
  Qui chanta comme les oiseaux.

Pan joua tristement, aux rives solitaires,
Un chant voluptueux, si doux, que les panthères,
Les lions indomptés, se déchirant entre eux
En rugirent d'amour dans les bois ténébreux.

  Elle est cassée, elle est cassée,
   Ma cruche que j'aimais!

Pour moi toute joie est passée;
 Elle est cassée!
Je n'y boirai plus jamais,
 Jamais!

Sur ma cruche on voyait, dans un chœur de dryades,
Le fils de Sémélé qu'ont bercé les Hyades;
A ses pieds sommeillait un tigre tacheté;
Désarmés, les Amours jouaient à son côté.

 Les dryades, troupe bruyante,
 Dansaient en voilant leurs seins nus
 De leur chevelure ondoyante
 Parfumée au bain de Vénus.

Et Bacchus, étendu sur des feuilles d'acanthe,
Ouvrait sa lèvre rouge à la jeune bacchante,
Qui pressait sous ses doigts une grappe aux cent grains.
— Faune, finiras-tu de chanter des chagrins?

LE VOILE SACRÉ

DÉDIÉ A MADELEINE

Près de Padoue, au sein de ce riche pays
Où le pampre s'étend sur le blé de maïs,
— Que n'ai-je vos pinceaux, Titien ou Véronèse,
Pour ce divin tableau digne de la Genèse ! —
Une femme était là, caressant de la main
Un bambino couché sur l'herbe du chemin :
Plus souples et plus longs que les rameaux du saule,
Ses cheveux abondants tombaient sur son épaule ;
Elle était presque nue, à peine un peu de lin
Lui glissait au genou; plus d'un regard malin
Courait, comme le feu, de sa jambe hardie
A sa gorge orgueilleuse en plein marbre arrondie.

Elle se laissait voir, naïve en sa beauté,
Sans songer à voiler sa chaste nudité;
Dieu l'avait faite ainsi, comme il avait fait Ève,
Un matin qu'il voulait réaliser un rêve :

Pourquoi cacher au jour ce chef-d'œuvre charmant,
Créé pour être vu par le peintre ou l'amant?
A la fin, devinant qu'on la trouvait trop belle,
Elle voulut voiler cette gorge rebelle ;
Elle étendit la main, mais le voile flottait.
Son front avait rougi ; de femme qu'elle était
Elle redevint mère : — avec un doux sourire,
Un sourire plus doux que je ne saurais dire,
A son petit enfant elle donna son sein.
O sublime action ! Les anges par essaim,
Chantant Dieu, sont venus pour voiler de leurs ailes
La fière volupté de ces saintes mamelles.

LA FILLE D'ÈVE

Dites-moi donc pourquoi, maman,
Mon regard se perd dans les nues;
Pourquoi mon âme, un beau roman,
M'ouvre des pages inconnues.

Comme la biche au son du cor,
Je vais sans savoir où, ma mère!
Je ne lisais hier encor
Que les pages de la grammaire;

Aujourd'hui j'entr'ouvre en tremblant
Le livre doré de la vie,
Et sur le premier feuillet blanc
Hésite mon âme ravie.

Mes yeux ont un prisme : je vois
Le ciel plus bleu ; dans la prairie

L'herbe plus verte; dans le bois
Ma chimère et ma rêverie!

Comprenez-vous ce que je dis?
Curieuse, loin de la terre,
Je vais cueillir au paradis
La pomme d'Ève qui m'altère.

J'ai beau redire mes *Ave*,
Je ne sais quel démon m'emporte.
Le Paradis est retrouvé :
Ève avait mal fermé la porte.

CHANSON ANTIQUE

DÉDIÉ A ZEUXIS

Ce matin, sur un vase antique
Peint par un Grec, j'ai lu des vers :
Ta chanson fraîche et poétique,
O blanche Sirène aux yeux verts !

« Un jour, fuyant la poésie,
« Ses pâles fleurs, son miel amer,
« Moschus demandait l'ambroisie
« Aux rochers que baigne la mer.

« Il descend bientôt sur la rive,
« Pour ouïr le vent et les eaux;
« Une blanche Sirène arrive,
« Et chante au milieu des roseaux :

Jeune amant de la Poésie,
Ne va pas au sacré vallon;

Amour verse plus d'ambroisie
Que toutes les sœurs d'Apollon.

A la Minerve triomphale
Ne tiens pas ton cœur enchaîné;
Érato ne vaut pas Omphale;
Apollon n'aime que Daphné.

O mortel! s'il te faut des chaînes
Où doivent s'enlacer tes vœux,
La dryade aux grottes prochaines
Te retiendra dans ses cheveux.

« Après ce chant doux et sauvage,
« La blanche Sirène aux yeux verts
« Quitta les roseaux du rivage
« Pour ses antres de flots couverts.

« Moschus écrivit sur le sable,
« Avec la chanson que voilà,
« Cette sentence ineffaçable :
« AMOUR! AMOUR! LA VIE EST LA. »

J'ai déposé sur ma fenêtre
Le vase antique où j'ai semé
Des primevères qui vont naître
Aux rayons du soleil de mai.

LIVRE TROISIÈME

LES SENTIERS PERDUS

LIVRE III

LES SENTIERS PERDUS

AUX POËTES

DÉDIÉ A LA FONTAINE

Quand la faux va crier dans les foins et les seigles,
    Fuyez, poëtes ennuyés;
Libres de tout souci, prenez le vol des aigles;
    Fuyez l'autre Babel, fuyez !
Allez vous retremper dans quelque solitude,
    Au bord du bois silencieux,
Où vous retrouverez la Muse de l'Étude
    Dans le vaste miroir des cieux.

Théocrite et Virgile ont soulevé la gerbe ;
    S'ils chantaient la belle saison,
C'était cheveux au vent, les pieds cachés dans l'herbe,
    L'âme perdue à l'horizon.
La Fontaine suivait la Fable, sa compagne.
    Les pieds dans les pleurs du matin,
Dans quelque coin touffu de l'agreste Champagne,
    Par les bois où fleurit le thym.
Jean-Jacque étudiait, allant à l'aventure,
    A travers vallons et forêts ;
Si toujours dans son livre on sent bien la nature,
    C'est qu'il en chercha les secrets.
Voltaire s'exilait pour vivre en solitaire ;
    Chez lui le soc fut en honneur,
Et Buffon à Ferney surprit le vieux Voltaire
    Portant la faux du moissonneur.
Diderot travaillait pour la grande famille,
    A l'ombre fraîche des halliers ;
Boileau, Boileau lui-même, avait une charmille,
    Des arbres et des espaliers.

Poëtes essoufflés, si vous voulez renaître,
    Si la ruche manque de miel,
Allez donc voir ailleurs que par votre fenêtre
    Ce qui se passe sous le ciel.
Que faites-vous là-bas, insensés que vous êtes ?
    Enfumés comme des Lapons,
Vous contemplez le monde en lisant les gazettes,
    Les astres en passant les ponts.

Vous cherchez, dites-vous, l'amour et la science;
    Vous ne trouvez que tourbillons.
L'amour ! le cherchez-vous dans son insouciance ?
    Courez les prés et les sillons.
La science, insensés ! la science est amère,
    C'est un fruit que Dieu nous défend;
C'est la mort, ou plutôt c'est la mauvaise mère
    Qui n'allaite pas son enfant !

Vous vendez les faveurs de la fille d'Homère,
    La blanche Muse aux tresses d'or;
Vous avez profané cette sainte chimère,
    Qui, malgré vous, nous aime encor.
Vous vous faites marchands et vous ouvrez boutique ;
    Pour vous l'art n'est plus qu'un état;
Si Dieu vous demandait pour lui-même un cantique,
    Il faudrait qu'il vous l'achetât !
Vous voulez des palais où l'esprit s'abandonne
    A tout ce qui brille ici-bas;
Mais le luxe du cœur, ce que le ciel vous donne,
    Aveugles, vous n'en voulez pas !
Corneille, le grand maître aux scènes immortelles,
    Aimait le toit humble et béni,
La fenêtre où l'hiver seul suspend des dentelles,
    Où le printemps apporte un nid.

L'art succombe; l'artiste est à peine un manœuvre
    Qui sans haleine va toujours ;

La petite monnaie est l'âme de toute œuvre
    Qui se fait en ces tristes jours.
Que deviennent les fleurs de ce terroir si riche
    Qui se déroulait sous nos pas ?
Hélas! depuis vingt ans c'est en vain qu'on défriche,
    Les épis ne mûriront pas.
Fuyez ce vain renom qui se paye à la ligne,
    Allez reposer votre esprit
Au bord de quelque bois, au pied de quelque vigne,
    Où Dieu dans la nature écrit.
Créateurs effrénés, du Créateur suprême
    Que ne suivez-vous les leçons?
Ce n'est pas en un jour qu'il finit le poëme
    Des vendanges et des moissons.
Cybèle aux blonds cheveux, notre mère féconde,
    Sème ses trésors à pas lents;
Elle aime à s'appuyer, pour traverser le monde,
    Sur le col des bœufs indolents.

LE PREMIER GIVRE

DÉDIÉ A WYNANTS

L'hiver est sorti de sa tombe,
Son linceul blanchit le vallon ;
Le dernier feuillage qui tombe
Est balayé par l'aquilon.

Nichés dans le tronc d'un vieux saule,
Les hibous aiguisent leur bec ;
Le bûcheron sur son épaule
Emporte un fagot de bois sec.

La linotte a fui l'aubépine,
Le pinson n'a plus un rameau ;
Le moineau va crier famine
Devant les vitres du hameau.

Le givre que sème la bise
Argente les bords du chemin ;

A l'horizon la nue est grise :
C'est de la neige pour demain.

Une femme de triste mine
S'agenouille seule au lavoir;
Un troupeau frileux s'achemine
En ruminant vers l'abreuvoir.

Dans cette agreste solitude,
La mère, agitant son fuseau,
Regarde avec inquiétude
L'enfant qui dort dans le berceau.

Par ses croassements funèbres
Le corbeau vient semer l'effroi;
Le temps passe dans les ténèbres;
Le pauvre a faim, le pauvre a froid.

Et la bise, encor plus amère,
Souffle la mort. — Faut-il mourir?
La nature, en son sein de mère,
N'a plus de lait pour le nourrir.

LA POÉSIE DANS LES BOIS

DÉDIÉ A MONTAIGNE

Adieu, Paris, adieu; ville où le cœur oublie !
    Je reconnais le chemin vert
Où j'ai quitté trop tôt ma plus douce folie,
    Salut, vieux mont de bois couvert !

J'ai perdu dans ces bois les ennuis de la veille;
    J'ai vu refleurir mon printemps;
Après un mauvais rêve enfin je me réveille
    Sous ma couronne de vingt ans !

C'est au milieu des bois, c'est au fond des vallées,
    Qu'autrefois mon âme a fleuri,
C'est à travers les champs que se sont envolées
    Les heures qui m'ont trop souri !

Les heures d'espérance ! adorables guirlandes
　　Qui se déchirent dans nos mains
Quand nous touchons du pied le noir pays des landes
　　Familier à tous les humains.

Ne trouverai-je pas le secret de la vie,
　　Seul, libre, errant au fond des bois,
A la fête suprême où le ciel me convie,
　　A la source vive où je bois ?

Ignorant ! je lisais gravement dans leur livre ;
　　Maintenant que je vais rêvant,
Dans la verte forêt mon cœur rapprend à vivre
　　Et mon cœur redevient savant.

Approchez, approchez, visions tant aimées ;
　　Comme la biche au son du cor,
Vous fuyez à ma voix sous les fraîches ramées ;
　　Et pourtant je suis jeune encor.

Vous fuyez ; et pourtant vous n'êtes pas flétries,
　　Sous ce beau ciel rien n'est changé :
J'entends chanter encor le pâtre en ses prairies,
　　Et dans les bois siffler le geai.

Ah ! ne vous cachez pas, ô nymphes virginales !
　　Sous les fleurs et sous les roseaux,

Suspendez, suspendez vos courses matinales,
    Syrènes, montez sur les eaux !

Amour, Illusion, Chimère, Rêverie,
    Sans moi vous allez voyager.
Arrêtez ! Vous fuyez ? Adieu ! Dans ma patrie
    Je ne suis plus qu'un étranger.

Il ne s'arrête pas, blondes enchanteresses,
    Votre cortége éblouissant.
Heureux sont les amants, heureuses les maîtresses,
    Que vous caressez en passant.

ALINE

J'ai vu sur la colline,
Pieds nus, cheveux au vent,
    Aline
Qui s'en allait rêvant.

Les roses éphémères
Couronnaient son beau front,
    Chimères
Qui s'évanouiront.

J'ai vu sur la colline,
Le sein tout palpitant,
    Aline
Qui s'en allait chantant.

Riant de la rebelle,
Un soldat avait pris
    La belle :
L'innocence a son prix.

J'ai vu sur la colline,
Son chagrin était grand !
    Aline
Qui s'en allait pleurant.

Le soldat infidèle
Buvait, en vert galant,
    Loin d'elle,
L'amour et le vin blanc.

J'ai vu sur la colline
Une fosse au printemps.
    Aline
Y dormait pour longtemps.

Revint le mauvais hôte
Au seuil qu'il assiégea ;
    Bien haute
L'herbe y poussait déjà.

LA VOIX DE LA MUSE

DÉDIÉ A CORNEILLE

Je suis allé revoir l'aurore de mes jours,
L'église abandonnée où Dieu veille toujours,
Le toit aimé du ciel, abri de ma famille,
Le jardin enchanté que défend la charmille,
Ma mère qui pâlit et pleure en me voyant,
Le coin du feu si gai, si doux et si bruyant;
Mon frère l'écolier, qui récite des fables,
Les grands chiens caressants, les serviteurs affables,
Les bocages aimés où naissent les chansons,
La pervenche qui tremble au pied des verts buissons,
L'ombrage où l'on dansait, les chaumières qui fument
Aux bords silencieux des bois qui les parfument,
La laveuse qui jase au détour du lavoir,
Le mouton qui rumine auprès de l'abreuvoir,

La blonde paysanne allant à la fontaine,
Qui s'arrête à l'écho de la ronde lointaine;
Le joyeux cabaret aux dehors agaçants
Dont les chants avinés allèchent les passants,
Et ce champ de luzerne où, tout effarouchée,
Cécile, sur mon cœur vous vous êtes cachée !

Et je ne voyais rien. « Ah ! me suis-je écrié,
« Tu n'as plus ton autel, église où j'ai prié !
« Qu'es-tu donc devenue, ô joyeuse alouette ?
« Je n'entends plus ici chanter que la chouette.
« Ma main en les cueillant se déchire aux bouquets,
« La brume de novembre effeuille les bosquets;
« Tout est morne et désert, mon âme désolée
« Comme une ombre éperdue erre dans la vallée,
« Et pas un gai refrain qui vienne la ravir !
« O vieux rochers moussus que j'aimais à gravir,
« Étang silencieux que l'hirondelle effleure,
« Arbres aimés, témoins des printemps que je pleure,
« Qu'êtes-vous devenus ? la mort vous a couverts,
« Vous vous êtes flétris sous le ciel des hyvers. »

Mais un divin rayon a chassé les ténèbres,
Et la muse m'a dit : « Point de clameurs funèbres,
« Poëte ! Le bocage est vert comme autrefois,
« Et les petits oiseaux n'ont point perdu leur voix;
« Comme autrefois encor la paysanne est gaie,
« Sur le seuil de la porte où son enfant bégaie;

« Dans la petite église on va toujours prier;
« Sur le gazon touffu le vieux ménétrier
« Mène encor vaillamment sa danse fantastique,
« Et fait chanter les chœurs sous son archet rustique.
« De ton pays l'Amour ne s'est pas envolé;
« Toi seul tu n'aimes plus, poëte désolé ! »

LES FANEURS DE FOIN

DÉDIÉ A THÉOCRITE

En Champagne — un pré fauché de la veille — un ruisseau d'un côté avec des saules, des peupliers de l'autre, un bois de noisetiers dans le fond. — Le soleil se lève — les deux faneurs sont dans le sentier qui conduit au pré.

HYACINTHE, SUZANNE.

SUZANNE.

L'alouette en chantant s'élève dans le ciel,
L'abeille aux ailes d'or s'en va chercher son miel,
Le merle persifleur chante sous la ramure.
— D'où nous vient ce parfum ? la fraise est-elle mûre ?
Est-ce encor l'aubépine ou le trèfle fauché ?

HYACINTHE.

Te souviens-tu ? Le soir où je m'étais caché
Dans le trèfle touffu de mon oncle Jean-Jacques ?

Tu revenais, je crois, de la fête de Pâques,
Tu pensais au bon Dieu; mais le diable était là,
Te guettant au passage et te criant : Holà !
Un beau soir !

SUZANNE.

Ce beau soir, du moins, je fus aimée,
Le rossignol chantait sur la branche embaumée.

HYACINTHE.

Mon cœur chantait aussi.

SUZANNE, sautant sur le pré.

Nous arrivons.

HYACINTHE.

Déjà !
N'as-tu pas reconnu l'orme qui t'ombragea
Quand tu venais, enfant, cueillir la primevère,
Après avoir prié la Vierge, au Grand Calvaire ?

SUZANNE, se regardant au fond du ruisseau.

J'ai pâli, n'est-ce pas ?

HYACINTHE.

Non; le flot en passant
Argente avec amour ton profil ravissant.
Quand je suis loin de toi sur ma charrue oisive,
Je te revois ainsi dans mon âme pensive.

SUZANNE.

Moi, je vois dans mon cœur, quand tu touches ma main,
Ton portrait.

HYACINTHE, poursuivant.

Au goûter, je donne tout mon pain
A mes pauvres chevaux, car moi je n'y mords guère.
Va, tes beaux yeux m'ont fait une cruelle guerre.

SUZANNE.

Tu chantes aujourd'hui de bien vieilles chansons.
C'est trop baguenauder; à l'œuvre, commençons.
Que l'herbe, secouée à plus d'une reprise,
Reçoive tour à tour le soleil et la brise.
Vois : ma fourche, coupée au bois du vieux couvent,
Est légère en mes mains comme une plume au vent.
Commençons par ce coin, à l'ombre de ces saules.

HYACINTHE, glissant la main sur l'épaule de Suzanne.

Oui, le soleil gourmand va mordre tes épaules.

SUZANNE.

Que l'ombre est fraîche encor sous ces branchages verts!
Prends donc garde! voilà mon fichu de travers!

Souriant.

Nous parlerons d'amour quand l'herbe secouée...
Allons, ma chevelure est toute dénouée!
Ami, finissez donc avec tous vos discours...
Si tu ne finis pas, j'appelle à mon secours!

HYACINTHE.

Eh! qui donc appeler? Le ramier qui roucoule?
La fauvette qui chante et le ruisseau qui coule?
Je suis seul avec toi; pas même un moissonneur
Qui puisse nous guetter en passant.

SUZANNE.

      Mais l'honneur
En sentinelle est là !

HYACINTHE.

  L'honneur bat la campagne.

SUZANNE.

Allons ! ne bâtis pas de châteaux en Champagne.
Alerte, vois ce foin comme il est vert encor !

HYACINTHE.

Notre amour est vraiment digne de l'âge d'or ;
Et le merle moqueur, que ta beauté régale,
Va nous siffler !

SUZANNE, se détournant pour rire.

   Vois-tu gambader la cigale ?
Tiens, la voilà qui danse aux pipeaux du grillon,
En face d'une abeille, avec un papillon !
Sur elle la rosée a secoué sa perle.
Ne vois-tu pas ?

HYACINTHE.

   J'entends toujours siffler le merle.
Mais, quoi ! voici déjà l'heure du déjeuné.

SUZANNE.

La cloche du château n'a pas encor sonné.
Alerte ! plus d'ardeur et moins d'agacerie !
Nous ne déjeunerons qu'au bout de la prairie,

Sous cet orme, là-bas, où tremblent les roseaux,
Aux parfums des buissons, à la fraîcheur des eaux.

HYACINTHE.

Un déjeuner frugal.

SUZANNE.

Et pourtant délectable.

HYACINTHE.

A qui donnerons-nous les miettes de la table?

SUZANNE.

Aux oiseaux familiers.

HYACINTHE.

Ah! quand on a vingt ans,
Le bonheur est de vivre un peu de l'air du temps.

SUZANNE.

A vingt ans, le bonheur est un convive affable;
Mais plus tard, m'a-t-on dit, ce n'est plus qu'une fable,
Un vrai conte de fée, une image qui fuit,
Un rêve vagabond qui se perd dans la nuit.

HYACINTHE.

Tu jases comme un livre.

SUZANNE.

Ah! c'est que ma grand'mère
En sait bien long! Et puis on a lu sa grammaire!

HYACINTHE.

Tu parles aussi bien que le premier venu.
— Si pour moi le bonheur est encore inconnu,
Je sais où le trouver, Suzanne, ô ma maîtresse !
A tes lèvres de feu je boirai son ivresse,
Si tu veux m'écouter. Tu vois bien ce ramier
Qui voltige là-bas du platane au pommier,
Qui se plaint sourdement comme la tourterelle?
Il attend sa colombe et roucoule pour elle.
Tout à l'heure ils s'en vont becqueter leur amour.

SUZANNE.

N'allons pas fatiguer les échos d'alentour.

HYACINTHE.

Le bonheur, avec toi, c'est un peu d'herbe fraîche.
Loin de la grand'maman qui s'ennuie et qui prêche;
C'est l'ombre d'une branche où chantent les oiseaux,
Une fleur d'or cueillie au milieu des roseaux,
Une feuille qui vole, un nuage qui passe ;
C'est la vieille chanson qui traverse l'espace,
La chaumière enfouie à l'ombre du noyer,
Le souper de la Bible aux flammes du foyer,
C'est le petit enfant qui gazouille et qui joue.

SUZANNE.

Çà, n'allons pas si vite !

HYACINTHE.

            Un baiser sur ta joue,
Sur ta bouche qui rit, sur ton œil langoureux

Qui me fait voir le ciel quand je suis amoureux,
Sur tes cheveux flottants autour de ton visage,
Et sur ce cher bouquet qui sèche à ton corsage,
Ah ! voilà le bonheur, si je savais oser !

Il embrasse Suzanne.

SUZANNE.

Holà ! que fais-tu donc ?

HYACINTHE.

Ce n'est rien : un baiser.
Un baiser pris au vol — un seul — et je suis ivre !
Tu vois bien que ma bouche en sait plus long qu'un livre.
Nous cherchons le bonheur, le bonheur n'est pas loin :
Le voilà.

SUZANNE, *laissant tomber sa fourche.*

Mais, mon Dieu, que deviendra le foin ?

LA FONTAINE

DÉDIÉ A BRAUWER

Il est une claire fontaine,
Qui murmure nonchalamment
Non loin d'un cabaret flamand.

Le soir, dès que l'ombre incertaine
A jeté ses voiles flottants
Sur la vieille épaule du Temps ;

Quand l'abeille rentre à la ruche,
La Flamande portant sa cruche
Y va rêver à son amant.

Son amant, dans l'ombre incertaine,
Vient s'enivrer à la fontaine
Bien mieux qu'au cabaret flamand.

SYMPHONIE D'AVRIL

DÉDIÉ A RUYSDAEL

Le printemps ! le printemps ! la magique saison !
Le ciel sourit de joie à la jeune nature,
L'aube aux cheveux dorés s'éveille à l'horizon,
Dieu d'un rayon d'amour pare sa créature.

Avril a déchiré le manteau de l'hyver;
Les marronniers touffus dressent leurs grappes blanches :
Partons; le soleil luit et le chemin est vert,
Les feuilles et les fleurs frémissent sur les branches.

Les espaliers neigeux parfument les hameaux;
Le pommier tremble et verse une pluie odorante;
Dans sa séve, le pampre étend ses verts rameaux
Et promet une grappe à la coupe enivrante.

La chaumière qui fume a pris un air vivant,
A l'espoir des moissons elle vient de renaître;
Le pâle liseron grimpe à son contrevent;
Pour voir le blé qui pousse, elle ouvre la fenêtre.

Au bout de ce vieux parc, dans l'étang du château,
Un groupe épanoui se promène en nacelle :
Que de grâce! On dirait la barque de Watteau,
Où l'amour se suspend, où l'esprit étincelle.

Dans le lointain brumeux, un vieux clocher flamand
S'élève avec notre âme aux régions divines,
Tandis qu'un doux signal, un joyeux aboiement,
Nous appelle à la ferme, au-dessus des ravines.

Dans les prés reverdis le troupeau reparaît :
Le jeune pâtre chante et sculpte une quenouille,
La vache qui nous voit jette un regard distrait,
Le grand bœuf nonchalant sommeille et s'agenouille.

Que cachent ces haillons sur le bord du ruisseau?
Un jeune vagabond secouant sa misère,
Émiettant son pain bis pour son ami l'oiseau,
Et de sa vie oisive égrenant le rosaire.

La blonde au teint bruni, qui lave dans le gué,
Chante un vieil air de mai d'une voix printanière;

Au bout de son sillon, le cheval fatigué
L'écoute, et, hennissant, agite sa crinière.

L'hyver avait glacé mon cœur sous son linceul,
Je voyais s'effeuiller l'arbre des espérances;
Je n'attendais plus rien du monde où j'étais seul,
Et je prenais la main de mes sœurs les Souffrances.

Le printemps en mon cœur revient après l'exil,
Ramenant sur ses pas mille blanches colombes,
Et mon cœur refleurit aux doux soleils d'avril :
L'herbe n'est-elle pas plus verte sur les tombes?

TABLEAU DE GENRE.

DÉDIÉ A BERGHEM

Là-bas, à l'ombre des ramures,
Où le ramier bleu fait son nid,
La voyez-vous cueillant des mûres,
La moissonneuse au cou bruni?

Se croyant seule, elle dénoue
Et répand ses cheveux dorés,
Qui voilent à demi sa joue
Sans cacher ses yeux azurés.

Qu'elle est belle quand elle tresse
Sa blonde gerbe de cheveux,
Jetant au vent qui la caresse
Les chansons d'un cœur amoureux!

Mais, sa faucille sur l'épaule,
Elle rejoint, tout en chantant,
Le moissonneur qui sous le saule
Aiguise sa faulx et l'attend.

— Bonjour, Jeanne la bien-aimée,
Comme tu sens bon, ce matin !
— Je sens l'odeur de la ramée,
Sous laquelle fleurit le thym.

— Non, je respire sur ta joue
La fraîche odeur de tes vingt ans.
— Non, c'est l'herbe où mon pied se joue
Qui garde un parfum du printemps.

— Que chantais-tu sous la feuillée,
Belle chanteuse des moissons ?
— L'amour à mon âme éveillée
Apprenait toutes ses chansons.

CHANSON DE LA TERRE AU CIEL

DÉDIÉ A HOBBEMA

Un rayon de soleil se brise
Sur la branche et sur les buissons.
Je m'assieds à l'ombre, où la brise
M'apporte parfums et chansons :

Parfum de la fraise rougie
Qui tremble sur le vert sentier;
Chanson — palpitante élégie —
De l'oiseau sur le chêne altier;

Parfum de la rose sauvage,
Doux trésor du pâtre amoureux;
Chanson égayant le rivage,
Qui parle à tous les cœurs heureux;

Parfum de la source qui coule
Dans un lit de fleurs ombragé;
Chanson du ramier qui roucoule,
Et me chante l'amour que j'ai;

Parfum de l'herbe qui s'emperle
A la brume des soirs d'été;
Chanson éclatante du merle,
Qui bat de l'aile en sa gaieté;

Parfum de toute la nature,
Fleur, arome, ambroisie et miel,
Chanson de toute créature,
Qui parle de la terre au ciel.

LES MOISSONNEURS

DÉDIÉ A WATTEAU

PROLOGUE

L'Aurore abandonnait au vent ses blonds cheveux ;
Sa faulx sur son épaule, Hyacinthe aux bras nerveux
Comptait sur ses dix doigts les beautés de Suzanne.
Jamais on n'avait vu pareille paysanne,
Sur son chemin l'Amour était toujours tapi,
Elle avait sur la joue une pomme d'api;
Un grand chapeau de paille ombrageait son visage,
Un rêve d'amoureuse agitait son corsage,
Et, tout en souriant, quand Hyacinthe parlait,
Elle montrait des dents blanches comme du lait.
Le blond faucheur l'aimait jusqu'à perdre la tête :
Il allait au travail comme un autre à la fête.
Le bouvreuil leur disait sa joyeuse chanson,
L'amour leur souriait dans le même horizon.
Ils allaient, secouant du pied thym et rosée ;

Le soleil, s'échappant de la nue irisée,
Répandait ses rayons; la vache, au bord de l'eau,
S'agenouillait dans l'herbe à l'ombre du bouleau,
Le brouillard s'éveillait des vignes sablonneuses;
Dans le creux du vallon les jeunes moissonneuses
S'éparpillaient déjà ; la fourche du fermier
Effeuillait en passant la branche du pommier;
Les bois chantaient en chœur; le ciel et la nature
Souriaient ardemment à toute créature,
On sentait passer Dieu, le maître souverain,
Dans ce clair paysage à la Claude Lorrain.

HYACINTHE, SUZANNE.

HYACINTHE.

Entends-tu résonner ma faulx à chaque gerbe ?
Le beau blé ! pas d'ivraie et pas un seul brin d'herbe !
Le ciel et la nature ont béni les moissons.

SUZANNE, écoutant battre son cœur.

Qu'entends-je ?

HYACINTHE.

Le verdier là-bas dans les buissons,
L'alouette qui monte et se perd dans les nues,
Un écho qui nous vient des chansons inconnues,
Le doux roucoulement des bandes de pigeons,
Qui vont battre de l'aile au-dessus des ajoncs.
Ah! mon Dieu!

SUZANNE.

   Qu'as-tu donc? que vois-tu sous la haie?
Peut-être une couleuvre? Ah! que cela m'effraie!
Pourquoi te vois-je ainsi, pâle, triste, muet?

HYACINTHE.

Un souvenir d'amour, vois plutôt ce bluet,
Le seul qui reste encor! — Quand je t'ai couronnée...

SUZANNE.

Ah! je m'en souviens trop! la couronne est fanée,
Mais je la vois toujours plus fraîche que jamais.
Quand tu m'as couronnée, Hyacinthe, tu m'aimais!
Je me croyais alors la reine du village.

HYACINTHE.

Était-ce de l'amour ou de l'enfantillage?

SUZANNE.

Si c'était de l'amour? — Rentrée à la maison,
J'accrochai ta couronne à la vieille cloison,
Au-dessus de mon lit. Pour moi, c'est un rosaire
Que je baise et consulte en mes jours de misère.
— Sais-tu ce que je fais quand je doute de toi?

HYACINTHE.

Tu pleures!

SUZANNE.

   Tu vas rire et te moquer de moi :
Je reprends ta couronne et la mets sur ma tête,
Et soudain je retourne à ce beau jour de fête!

Tout mon chagrin s'en va, tout mon bonheur revient,
Ce matin encor... vois, mon cœur qui s'en souvient!
Elle prend la main d'Hyacinthe et la porte à son cœur.
Ton nom est gravé là bien mieux que sur l'écorce.

HYACINTHE.

Qu'as-tu fait? pour faucher, mon bras n'a plus de force.

SUZANNE.

A l'œuvre, à l'œuvre, Hyacinthe! et qu'au soleil couchant
Ta faulx ait moissonné tous les épis du champ.

HYACINTHE.

Je ne faucherai pas ce bluet, qui réveille
Un si doux souvenir! c'est comme une merveille:
Je dépose ma faulx, je vais te le cueillir.

SUZANNE.

Rien qu'à voir un bluet je me sens tressaillir.
Si ton amour n'était qu'un amour de passage?

HYACINTHE, *regardant.*

Où vais-je le planter? au sillon du corsage?

SUZANNE, *rougissant.*

Plutôt dans mes cheveux.

HYACINTHE, *plaçant le bluet.*

                    Quel beau cou nonchalant!
Qui peut le garantir d'un soleil si brûlant?

SUZANNE.

Finissez donc! voilà ma faucille par terre.

HYACINTHE.

Suzanne, mon amour est un feu qui m'altère.
Un baiser sur ta joue ou de l'eau dans ta main !

SUZANNE.

La fontaine est là-bas, à deux pas du chemin.

HYACINTHE.

Allons-y; l'ombre est douce au cœur, dit le proverbe.

SUZANNE.

Le proverbe est bien fou ! moi, je reste à ma gerbe ;
Ne perdons pas de temps, par un si beau soleil !
D'ailleurs, sur notre amour nous donnerions l'éveil.

HYACINTHE, l'entraînant.

Pourquoi me refuser cette main pour y boire ?

SUZANNE.

Si l'on nous rencontrait, on ferait une histoire.

HYACINTHE.

J'aime ce clair ruisseau qui murmure tout bas.
Vois-tu les gais bouvreuils y prendre leurs ébats ?
L'hirondelle en criant y vient baigner ses ailes,
La mésange y poursuit les vertes demoiselles;
Quel baume printanier la verveine y répand !

SUZANNE.

Comme il va de travers ! on dirait un serpent.

Elle puise de l'eau, Hyacinthe boit.

On n'a pas vu souvent pareille fantaisie.

HYACINTHE.

L'eau, dans ta douce main, se change en ambroisie.

SUZANNE.

Qu'est-ce que l'ambroisie ?

HYACINTHE.

Une liqueur du ciel,
Meilleure que le vin, que le lait et le miel.

SUZANNE.

Qui t'a donc dit cela ?

HYACINTHE.

Je ne sais. Un vieux livre.
Mais je ne boirai plus; voilà que je m'enivre
Comme si j'avais bu sur ta bouche un baiser.
Que je boirais longtemps sans pouvoir apaiser
Ma soif toujours ardente! Ah! verse-moi l'ivresse!
Cette soif est au cœur, Suzanne, ma maîtresse!

ÉPILOGUE

Dans l'agreste roman je n'irai pas plus loin.
Sur le bord du ruisseau verdoyait le sainfoin,
Le vieux Pan soupirait dans les roseaux fragiles;
Aux portes du hameau, les glaneuses agiles

Criaient; sur le coteau répondait le berger;
L'écolière aux yeux bleus mouillait son pied léger
Dans le sentier du bois, où la fraise était mûre,
Où le merle sifflait, perché sur la ramure,
Sa gamme fraîche; enfin, partout joie et chanson !
— Mais Suzanne? — Suzanne était à la moisson...
Moisson du cœur, moisson d'amour, gerbe ravie
Au rivage divin pour embaumer la vie !

VISIONS DANS LA FORET

DÉDIÉ A PLATON

J'étais dans la forêt, rêvant au pied d'un frêne :
Une femme passa, fière comme une reine.
« Qui donc es-tu, lui dis-je en lui prenant la main,
« Toi que j'ai vue hier, que je verrai demain,
« Tantôt sous les cyprès et tantôt sous les roses,
« Tantôt triste ou joyeuse en tes métamorphoses? »

D'une voix fraîche et claire elle me répondit :
« Je suis un ange errant qu'on aime et qu'on maudit
« Depuis des jours sans fin que je parcours la terre,
« Pour moi-même je suis un étrange mystère;
« Mais tu verras bientôt passer dans la forêt
« Trois femmes qui toujours ont porté mon secret. »

Elle dit, et s'enfuit, plus vive et plus légère
Que la biche aux doux yeux qui court sous la fougère.

Je rêvais; cependant sur le même chemin
Une femme apparut; la neige et le carmin
Se disputaient l'éclat de sa jeune figure.
« Salut, toi qui souris, sois-moi d'un bon augure !
« Femme, dis-moi ton nom. — Mon nom est dans ton cœur. »
Elle dit, et s'enfuit avec un air moqueur.

Une autre la suivit, pâle et contemplative.
« Et toi, qui donc es-tu ? » Comme la sensitive
Qui craint d'être touchée, elle prit en passant
Un timide détour sous l'arbre jaunissant.
Mais je la poursuivis. « Qui donc es-tu, de grâce ?
« Femme, dis-moi ton nom, ou je suivrai ta trace.
« — Abeille du Très-Haut, je vais cherchant mon miel
« Dans la mystique fleur que Dieu cultive au ciel. »

Une autre femme encor passa sous le vieux arbre.
En la voyant venir, je me sentis de marbre;
Un hibou la suivait, un sinistre corbeau
Annonçait son passage; une odeur de tombeau
S'exhalait de ses pas. « Ton nom ? — Je suis ta mère;
« Suis-moi, ferme ta bouche à toute source amère,
« L'abîme où je descends n'est pas une prison;
« C'est le sombre chemin d'un plus grand horizon. »

Riantes visions et visions austères,
Qu'avais-je vu passer? La Vie et ses mystères ;
L'Amour, qui nous promène en ses mille Alhambras ;
La Foi, qui vers le ciel lève en priant ses bras ;
La Mort, qui nous guérit de la douleur de vivre
Et de l'éternité nous vient ouvrir le livre.

LA MORT

DÉDIÉ A GIOTTO

Moissonneuse éternelle en la vallée humaine,
Qui n'as pas de repos au bout de la semaine,
Qui fauches sans relâche et ne sèmes jamais,
Où donc as-tu porté les épis que j'aimais?

O géante maudite aux mamelles pendantes,
Vieille fille ennuyée aux colères ardentes,
Ange déchu, de tous le plus vengeur de Dieu,
Qui ne dis qu'un seul mot, un mot terrible : Adieu !
Sois maudite à jamais, car ton arme fatale
A coupé trop de fleurs sur ma rive natale.

Ton arme est une faulx, ton sceptre un os séché.
Seul le hibou nous dit ton passage caché :

Quand tu ris, on entend le marteau sur la bière,
Juive errante, vivant de pleurs et de poussière.

Dieu veuille qu'on m'enterre auprès d'un mort aimé,
Non loin du frais enclos où mon cœur fut charmé.
Aux carillons joyeux, à tous les jours de fête,
Réveillé dans la tombe et soulevant la tête,
N'entendrai-je donc pas le doux cri des enfants
S'ébattant sur mes os comme des jeunes faons ?
Le bruit des encensoirs, le chant grave et rustique
S'échappant du portail de l'église gothique ?
La ronde du village et le gai violon
Appelant à l'amour tous les cœurs du vallon ?
Pour aller à l'autel le jour de l'hyménée,
La vierge passera, triste, pâle, inclinée,
Sur l'herbe de ma fosse, où j'aurai, le matin,
Les pleurs de la rosée et les senteurs du thym,
Où j'entendrai le soir les chansons inégales,
Tout en vous écoutant, babillardes cigales.

DIEU

DÉDIÉ A HOMÈRE

Nature féconde en merveilles,
Nature, mère des humains,
Qui nous allaites, qui nous veilles,
Et qui nous berces de tes mains,
A mes pieds effeuille une rose,
Égrène un épi mûr, arrose
Sous la grappe ma lèvre en feu ;
Pour sanctifier mon délire,
D'un rayon couronne ma lyre,
O Soleil ! je vais chanter Dieu.

Chanter Dieu, profane poëte !
Penche ton front sur le chemin ;

Que longtemps ta lyre muette
Fatigue ton cœur et ta main...
Je chanterai : ma poésie
Est une fleur que j'ai choisie
Dans un Éden du ciel aimé ;
Elle a pu fleurir sur la terre,
Mais elle lève, solitaire,
Vers Dieu son calice embaumé.

Après une course lointaine,
Je vais m'asseoir sur le penchant
Du mont où brille l fontaine
Aux rayons du soleil couchant ;
Et mon âme prend sa volée
Dans les splendeurs de la vallée,
Abeille butinant son miel ;
Elle s'arrête avec ivresse
Pour ouïr l'hymne d'allégresse
Que la nature envoie au ciel.

Allez donc, âme vagabonde !
Respirez autour des buissons.
Dans le sentier où l'herbe abonde,
Au bruit des naïves chansons,
Cueillez vos belles rêveries
Sur le bord touffu des prairies ;
Tandis que jase le grillon,
Bercez-vous dans la marjolaine

Auprès du cheval hors d'haleine
Qui hennit au bout du sillon.

Jeanne la brune, aux pieds du pâtre,
Au nouveau-né donne son sein,
Gamelle qui n'est pas d'albâtre,
Mais que Dieu fit grande à dessein;
Bras nus et jambe découverte,
Margot lave sa jupe verte;
Le meunier l'embrasse en passant.
Là-bas, dans son insouciance,
L'écolier, cherchant la science,
Secoue un arbre jaunissant.

L'écolière, comme une abeille,
A chaque pas prend un détour
Pour recueillir dans sa corbeille
Ces bouquets si doux au retour!
Prends garde, ô ma pauvre écolière!
Que ta corbeille hospitalière
N'accueille ce serpent maudit
Qui surprit Ève ta grand'mère,
Et lui vanta la pomme amère,
Si bien, hélas! qu'elle y mordit.

Voyez dans la villa rustique,
Un joyeux enfant à la main,

Ce vieillard au front prophétique
Qui bénit Dieu sur son chemin;
Il a, durant des jours prospères,
Labouré le champ de ses pères.
Du travail recueillant le fruit,
Il attend que la mort l'endorme
Près de l'église et du vieux orme,
Un soir, sous un beau ciel, sans bruit.

Plus loin, sous l'arbre de la rive,
Le front penché languissamment,
La pâle délaissée arrive
Pour rêver seule à son amant.
Son regard se perd dans l'espace,
Chaque flot agité qui passe
Conseille à son cœur d'espérer.
Dans le bocage une voix chante
La romance grave et touchante
Qui la fait sourire et pleurer.

Près de l'étang où la colombe
Secoue une plume en passant,
Je vois un vêtement qui tombe
Comme un nuage éblouissant :
La belle duchesse est venue
Pour le bain. Elle serait nue
Sans sa mantille de cheveux;
Elle descend dans l'herbe épaisse ;

Le rameau sur elle s'abaisse
Pour voiler ses seins amoureux.

Elle a détourné la broussaille
Qui retenait son pied d'argent;
Elle glisse, l'onde tressaille
Et baise son beau corps nageant.
Si Phidias, le dieu du marbre,
Était là caché sous un arbre!
J'entends du bruit; c'est un amant!
Descendra-t-il une nuée?
Car la ceinture est dénouée,
Et l'amour dit un air charmant.

Mais, comme Susanne la chaste,
Elle trouve un voile dans l'eau,
Dont la face verte contraste
Avec son cou. Divin tableau!
Elle fuit avec l'hirondelle,
Qui va l'effleurant d'un coup d'aile;
L'onde suit avec un frisson;
L'amant attend sous la ramée,
Et l'amour dit : « O bien-aimée!
En serai-je pour ma chanson? »

— Mais tu t'égares, ô mon âme!
Est-ce ainsi qu'il faut chanter Dieu?

— J'ai chanté le sublime drame,
Le sentier vert sous le ciel bleu ;
Le poëte effeuillant son rêve
Aux paradis des filles d'Ève ;
Le pâtre dans sa liberté,
L'enfant qui joue avec son père,
L'amante dont le cœur espère...
Mon Dieu, ne t'ai-je pas chanté?

LA HOLLANDE

DÉDIÉ A REMBRANDT

J'ai traversé deux fois le pays de Rembrandt,
Pays de matelots — qui flotte et qui navigue, —
Où le fier Océan gémit contre la digue,
Où le Rhin dispersé n'est plus même un torrent.

La prairie est touffue et l'horizon est grand;
Le Créateur ici fut comme ailleurs prodigue...
— Le lointain uniforme à la fois nous fatigue,
Mais toujours ce pays m'attire et me surprend.

Est-ce l'œuvre de Dieu que j'admire au passage?
Pourquoi me charme-t-il, ce morne paysage
Où mugissent des bœufs agenouillés dans l'eau?

Oh! c'est que je revois la nature féconde
Où Rembrandt et Ruysdaël ont créé tout un monde;
A chaque pas ici je rencontre un tableau.

Je retrouve là-bas le taureau qui rumine
Dans le pré de Paul Potter, à l'ombre du moulin;
— La blonde paysanne allant cueillir le lin,
Vers le gué de Berghem, les pieds nus, s'achemine.

Dans le bois de Ruysdaël qu'un rayon illumine
La belle chute d'eau ! — Le soleil au déclin
Sourit à la taverne où chaque verre est plein,
— Taverne de Brauwer que l'ivresse enlumine.

Je vois à la fenêtre un Gérard Dow nageant
Dans l'air; — plus loin Jordaens : — les florissantes filles!
Saluons ce Rembrandt si beau dans ses guenilles !

Oui, je te connaissais, Hollande au front d'argent :
Au Louvre est ta prairie avec ta créature;
Mais dans ces deux aspects où donc est la nature?

Le grand peintre est un dieu qui tient le feu sacré,
Sous sa puissante main la nature respire;
Ne l'entendez-vous pas, sa forêt qui soupire ?
Ne la sentez-vous pas, la fraîcheur de son pré?

Comme aux bords du canal, sous ce ciel empourpré,
La vache aux larges flancs parcourt bien son empire !
Dans cet intérieur comme Ostade s'inspire !
Gai tableau qui s'anime et qui parle à son gré.

Pays doux et naïf dont mon âme est ravie,
Oui, tes enfants t'ont fait une seconde vie,
Leur souvenir fleurit la route où nous passons.

Oui, grâce à leurs chefs-d'œuvre, orgueil des galeries,
La poésie est là qui chante en tes prairies,
Comme un soleil d'été sourit à nos moissons.

PAGE DE LA BIBLE

DÉDIÉ AUX FILLES DE LA BIBLE

I

J'écoutais doucement tous les bruits d'alentour :
  Les murmures de la fontaine,
Le clair mugissement des vaches au retour,
  Les voix de la cloche lointaine;

Le cri du laboureur qui finit un sillon,
  Le vol amoureux des verdières,
Le chant du rossignol, le conte du grillon
  Et le battoir des lavandières.

A peine si la brise agitait les roseaux,
  Les hirondelles revenues
Se miraient en passant dans le miroir des eaux
  Et s'envolaient avec les nues.

Les jeunes écoliers, redevenus enfants,
 Loin du maître au regard sévère,
S'en allaient dans les prés bondir comme des faons
 Pour moissonner la primevère.

II

Tout à coup j'entrevis aux marges du chemin,
 Comme un roseau fragile,
Une fille aux yeux bleus balançant à la main
 Une cruche d'argile.

Son front presque voilé s'inclinait mollement
 Aux flots des rêveries,
Son petit pied distrait glissait languissamment
 Dans les herbes fleuries.

Le vent sur son épaule avait éparpillé
 Sa fauve chevelure;
Une pervenche ornait son blanc déshabillé :
 Une agreste parure!

Au bord de la fontaine elle s'agenouilla
 Sur une pierre antique :
Et plus allégrement le bouvreuil gazouilla
 Son amoureux cantique.

III

Survint un mendiant qui n'avait pour ami
    Qu'un bâton de branche de chêne;
Son vieux corps chancelant s'inclinait à demi
    Vers sa fosse toute prochaine.

Ayant avec tristesse aux branches d'un bouleau
    Suspendu sa besace vide,
Le vieillard épuisé sur la face de l'eau
    Promena son regard avide.

Dans sa main il voulut boire, ce fut en vain;
    Et, voyant sa peine, la belle
Offrit sa cruche avec un sourire divin :
    « Buvez, mon père, » lui dit-elle.

Spectacle des vieux jours dont mon cœur fut charmé!
    Pur souvenir des paraboles!
Avant de se coucher, le doux soleil de mai
    Lui ceignit le front d'auréoles.

MIGNON REVENANT AU PAYS

DÉDIÉ A MADEMOISELLE DE LA VALLIÈRE

Dans le bleu pays des verts orangers,
Pays où j'ai bu le lait de ma mère,
Je vivais gaiement; mais des étrangers
M'ont prise un matin pour la vie amère.

Ils m'ont entraînée aux pays brumeux,
Moi, le doux grillon qui chantais dans l'âtre;
Et, morte de froid, je chantai, comme eux,
De folles chansons sur un noir théâtre.

Ah! que j'ai pleuré mon pays perdu,
Le doux coin du monde où Dieu m'avait mise!
Mais mon cri de mort ne fut entendu
Par aucun des tiens, ô terre promise!

La mort sur ma joue a mis sa pâleur,
Que de fois j'ai dit à ma pauvre harpe

Tout mon désespoir, toute ma douleur :
Mes pleurs ont souvent lavé mon écharpe !

Enfin j'ai quitté le chemin fatal,
Croyant retrouver ma candeur flétrie :
Je reviens ; hélas ! le pays natal,
C'est le ciel ; le ciel, la seule patrie !

RIMES FAMILIÈRES

VIEUX STYLE

Salut, par mon maître Apollon,
Poëte du pays d'Orphée,
D'où me reviennent par bouffée
De vieux airs du sacré vallon.
Euterpe, la muse rustique,
Vous a donné sa flûte antique
Pour ravir les nymphes du bois;
Le vieux Sylvain, à la fontaine,
Vous accompagne du hautbois;
La naïade, tout incertaine,
Regarde au-dessus des roseaux
Et se replonge dans les eaux,
N'osant vous montrer ses épaules;
Et vous, ô poëte chasseur!
Vous allez, à l'ombre des saules,
Avec Apollon et sa sœur,

Ame et gibecière entr'ouvertes,
Tantôt écoutant le bouvreuil
Qui chante sous les branches vertes.
Tantôt poursuivant le chevreuil
Qui fuit dans les gorges couvertes.

Prenez garde, mon cher ami :
La plus chaste des chasseresses,
Diane, n'a jamais dormi,
Les yeux fermés sous les caresses;
N'allez pas sous l'arbre sacré
Saisir sa tunique flottante
Pour voir son sein tout effaré
Frémir sous votre lèvre ardente:
Car Ovide nous a narré
Que, pour avoir passé les bornes,
Actéon brame avec des cornes.

Comme vous, poëte chasseur,
Je poursuis Phœbus et sa sœur.
Les regains sont beaux cette année;
Mais la caille s'est détournée
De mon terroir; pas un chevreuil !
Les faisans ne se montrent guère;
Et je m'en vais faisant la guerre
A quelque furtif écureuil.

Mais hier, aux bois, en revanche,
J'ai cueilli la fraîche pervenche,

L'âme de Jean-Jacques Rousseau;
Et j'ai rêvé comme un poëte
Sous la branche déjà muette
Qui n'abrite plus un berceau.

Je rêvais que s'en vont les roses;
Novembre embrume toutes choses:
Déjà sur les coteaux voisins
On a moissonné les raisins.
Avec son compère le merle,
La grive égrène encor la perle
Abandonnée au cep jauni;
Mais le beau poëme est fini!

Je rêvais que le vent d'automne
Ne soufflerait pas de longtemps
Pour notre amitié que couronne
Le chèvrefeuille du printemps.

ÉPITAPHE DE PARIS

VIEUX STYLE

    Ci-gît Paris. — Mortel qui passes là,
  Pleure en voyant les tombeaux que voilà :
Paris, où Geneviève, en son adolescence, —
A gardé les moutons, — avec son innocence;
Où la docte Héloïse a trouvé son vainqueur,
Quand Abeilard, qui fut le soleil de sa vie,
    Avait de l'esprit et du cœur...
Pourquoi fut-il réduit à la philosophie?
Où de la tour de Nesle, après un souper fin,
Marguerite envoyait, sept fois chaque semaine,
Ses amants raconter aux poissons de la Seine
Ce qu'il fallait d'amour pour assouvir sa faim!
Où François s'écriait à son heure dernière :
J'ai beaucoup trop aimé la belle Ferronnière;
C'est bien la peine, hélas! d'être un roi si vaillant!
    Où le bon Henri Quatre
    Eut le triple talent

De boire et de battre,
Et d'être vert galant ;
Où Louis le grand roi, dans sa folle jeunesse,
Brillant comme un soleil et gonflé comme un paon,
Devant sa cour se pâmant d'allégresse,
Dansait le menuet avec la Montespan ;
Où Molière, réduit à faire le carême,
Riant de Sganarelle, en était un lui-même :
Où, couronné par les *Jeux* et les *Ris*,
Philippe d'Orléans, le régent débonnaire,
Trépassait dans tes bras, ô belle Phalaris !
Toi, son confesseur ordinaire ;
Où le roi-Pompadour faisait toujours porter
Son sceptre d'or par la plus belle ;
Où Voltaire écrivait, sans se déconcerter,
Sur la marge de la *Pucelle*,
Si Dieu n'existait pas, il faudrait l'inventer !
Où Mirabeau, dans son humeur altière,
A souffleté la royauté ;
Où Danton, sublime exalté,
De son audace armait la France tout entière ;
D'où l'aigle d'Austerlitz prit son vol radieux
Pour enserrer toute la terre,
Et retomber du haut des cieux
Dans les piéges de l'Angleterre !
Adieu, Paris, où le monde a passé,
Après la Grèce et l'Italie ;
La beauté, l'amour, la folie,
L'argent a tout remplacé :
REQUIESCAT IN PACE.

LA FOSSE AUX LIONS

A SAINT AUGUSTIN

Tu l'as dit, ô grand saint ! ô sage entre les sages !
Le cœur nous vient de Dieu, le cœur retourne à Dieu.

Longtemps l'homme s'égare aux plus mauvais passages ;
Mais, au monde profane avant de dire adieu,
Voyant du feu sacré la lumière lointaine,
Il fuit les vains plaisirs qu'il a tant recherchés,
Et fait couler en lui la divine fontaine,
La fontaine de pleurs qui lave les péchés.

Et la mort vient. Et l'âme en déployant ses ailes
N'emporte rien au ciel de ses rébellions.
Elle monte, elle monte aux sphères éternelles,
Priant pour ceux qui sont dans la fosse aux lions.

L'ÉCHELLE DE SOIE

DÉDIÉ A MOZART

On entend au loin le sifflet des merles;
O ménétrier! prends ton violon.
Les gais rossignols égrènent des perles;
Quel beau soir! Dansez, filles du vallon!

Vers ce vieux château dont la tour hautaine
Profile son ombre au fond du ravin,
Voyez-vous courir ce beau capitaine?
Celle qui l'attend attend-elle en vain?

L'étoile scintille à travers la nue;
L'amant vient d'entrer, tirons les verrous :
Chut! car le mari, seul dans l'avenue,
Tient bien son épée et parle aux hiboux.

On entend au loin le sifflet des merles;
O ménétrier! prends ton violon.

Les gais rossignols égrènent des perles;
Quel beau soir! Dansez, filles du vallon!

Les cheveux épars, la blanche amoureuse,
Comme Juliette à son Roméo,
Dit à son amant : Que je suis heureuse!
Ah! chantons toujours le divin duo!

Jamais deux amants, sous le ciel avare,
N'ont ainsi nagé dans l'enivrement;
Mais l'heure a sonné, l'heure qui sépare :
Adieu, ma maîtresse! adieu, mon amant!

On entend au loin le sifflet des merles;
O ménétrier! prends ton violon.
Les gais rossignols égrènent des perles;
Quel beau soir! Dansez, filles du vallon!

Mais sous le balcon d'où la noble dame
Dit encore adieu les yeux tout en pleurs,
On a vu soudain briller une lame,
Et le sang jaillir sur les blanches fleurs.

La dame, éperdue, à l'horreur en proie,
Se jette à genoux pour prier l'amour;
Elle avait laissé l'échelle de soie :
Voilà le mari qui monte à son tour.

On entend au loin le sifflet des merles;
O ménétrier! prends ton violon.
Les gais rossignols égrènent des perles;
Quel beau soir! Dansez, filles du vallon!

— Madame, c'est moi; voyez mon épée;
Ne devais-je pas laver mon affront?
Voyez : dans son sang je l'ai bien trempée. —
Il dit, et lui jette une goutte au front.

— Madame, vivez; mais que votre bouche
Baise cette épée : elle me vengea.
— Vivre ainsi? jamais! Ah! votre œil farouche
Ne me fait pas peur, car je meurs déjà.

On entend au loin le sifflet des merles;
O ménétrier! prends ton violon.
Les gais rossignols égrènent des perles;
Quel beau soir! Dansez, filles du vallon!

De la main sanglante elle prend la lame,
La porte à sa bouche et baise le sang.
Horrible spectacle à nous glacer l'âme,
Sombre tragédie, acte saisissant!

Soudain la voilà qui, dans la croisée,
Se frappe trois coups : c'est le dénoûment.

Et son sang jaillit, brûlante rosée,
Sur le front glacé de son pâle amant.

On entend au loin le sifflet des merles;
O ménétrier! prends ton violon.
Les gais rossignols égrènent des perles;
Quel beau soir! Dansez, filles du vallon!

EUTERPE

DÉDIÉ A CORRÉGE

J'avais pris le matin fusil et gibecière,
Et, bravant le soleil, les ronces, la poussière,
Je courais le regain, le bois et le sentier,
Ne m'arrêtant qu'à peine aux sources du moustier.
J'allais avec ardeur, cependant que le lièvre
Broutait l'herbe embaumée à l'ombre du genièvre,
Que le ramier dormait au fond du vert berceau,
Et que le daim jouait en buvant au ruisseau;
Voilà que tout à coup, au détour de la haie,
Je trouve sous un orme, où le bouvreuil s'égaye,
Euterpe au sein bruni, la muse du hautbois,
Qui répand ses chansons par les prés et les bois.

— Par Apollon, salut, Euterpe la rustique!
As-tu donc retrouvé la flûte poétique?

Vas-tu réveiller Pan qui dort dans les roseaux,
Pour ouïr tes concerts avec les gais oiseaux?
— Depuis plus de mille ans que je suis exilée,
Poëte, nul encor, nul ne m'a consolée.
Un barbare a brisé la lyre d'Apollon;
J'ai vu se dépeupler tout le sacré vallon;
J'ai vu partir mes sœurs, ces urnes d'ambroisie
D'où coulait tant d'amour et tant de poésie.
Après avoir longtemps pleuré sous les cyprès,
Moi, je me suis enfuie à travers les forêts,
Avec le souvenir de nos divins rivages.
Quels siècles j'ai passés dans les pays sauvages,
Ne trouvant plus d'échos à mes hymnes sacrés
Quand avec les pasteurs je chantais dans les prés!
Enfin, je te surprends, ô chasseur! ô poëte!
Et ma lèvre frémit sur ma flûte muette.

LA CHANSON D'EUTERPE.

Réveillez-vous, nymphes des bois,
J'ai repris ma flûte d'ivoire;
Naïades qui versez à boire
Au chasseur triomphant comme au cerf aux abois;
Venez, ô troupes bocagères!
Sourire à mes chansons légères;
Sylvains au pied fourchu, préparez vos hautbois

Et répétez mes airs champêtres.
Pour venir danser sous les hêtres,
Réveillez-vous, nymphes des bois !

L'Aurore matinale à l'Orient dénoue
Sa chevelure d'or, qui lui voile la joue ;
Apollon, notre encens fume sur tes autels,
Viens sur ton char de feu réjouir les mortels.

C'est la saison des fruits : fuyez, blondes abeilles,
Pomone en vous chassant va remplir ses corbeilles;
Le faucheur sur la gerbe enfin s'est assoupi;
Cérès a vu tomber jusqu'au dernier épi.

Bacchus s'est couronné d'une feuille d'acanthe;
Il traverse la vigne où chante la bacchante;
Il agite son thyrse orné de pampres verts.
Et contemple sa coupe où j'ai gravé des vers.

Et, pendant que Bacchus vient avec Ariane,
Vénus va s'exiler. Tu triomphes, Diane !
Trompé par ta beauté, l'Amour, l'aveugle enfant,
T'a donné son carquois et son arc triomphant.

Tu vas poursuivre encore, en tunique flottante,
Le cerf tout éploré, la biche haletante;
Mais ne va pas songer à l'amoureux chasseur,
Fière amante des bois, d'Apollon chaste sœur !

J'ai repris ma flûte d'ivoire :
Réveillez-vous, nymphes des bois,
Naïades qui versez à boire
Au chasseur triomphant comme au cerf aux abois;
Venez, ô troupes bocagères !
Sourire à mes chansons légères;
Sylvains au pied fourchu, préparez vos hautbois,
Et répétez mes airs champêtres.
Pour venir danser sous les hêtres,
Réveillez-vous, nymphes des bois !

Les Heures, secouant les cyprès et les roses,
Passent sans s'arrêter en leurs métamorphoses,
Et déjà la Prêtresse immole de ses mains
Une blonde génisse au maître des humains.

Sur les prés du vallon le troupeau se disperse,
Le bœuf traîne à pas lents la charrue et la herse;
Dans le sillon fumant le laboureur pieux
Va fécondant Cybèle et rend grâces aux dieux.

O mon maître, Apollon ! Daphné la chasseresse
Brave sous les lauriers ta divine caresse;
Mais, si tu viens près d'elle en lui disant des vers,
Elle ornera ton front de lauriers toujours verts.

Vénus, où donc es-tu? les colombes sacrées
Avec le char d'azur s'envolent effarées.

La déesse aux beaux yeux dont l'empire est si doux:
Messagères d'amour, où la conduisez-vous?

Voilà qu'un cri de joie ouvre les bacchanales.
Et déjà de Bacchus les filles matinales
Se répandent en chœur sur les coteaux voisins,
Ceignant leur front de pampre et cueillant des raisins.

  J'ai repris ma flûte d'ivoire :
  Réveillez-vous, nymphes des bois,
  Naïades qui versez à boire
Au chasseur triomphant comme au cerf aux abois;
  Venez, ô troupes bocagères !
  Sourire à mes chansons légères;
Sylvains au pied fourchu, préparez vos hautbois,
  Et répétez mes airs champêtres.
  Pour venir danser sous les hêtres,
  Réveillez-vous, nymphes des bois !

ADIEU AUX BOIS

Bois où je voudrais vivre, il faut vous dire adieu !

Depuis l'aube égayant les moissons ondoyantes,
Jusqu'au soleil pâli des vendanges bruyantes,
J'ai voulu contempler le grand œuvre de Dieu.

Au bois j'ai vu passer, avec ma rêverie,
L'altière chasseresse et la chaste Égérie ;
J'ai vu faucher le trèfle à l'ombre du moulin ;

J'ai vu dans les froments la moissonneuse agile,
Telle que la chantaient Théocrite et Virgile,
Presser la gerbe d'or sur son corset de lin ;

J'ai vu, quand les enfants se barbouillaient de mûres,
La vendangeuse aller aux grappes les plus mûres,
Et répondre aux amants par un rire empourpré ;

Le vin coule au pressoir, le vigneron est ivre,
Le regain est fauché; j'ai vu le premier givre
Frapper le bois; la neige ensevelit le pré;

Je pars, je vais revoir l'amitié qui m'oublie,
Ton peintre et ton poëte, ô charmante Ophélie!
Beau rêve de Shakspeare en ces deux cœurs tombé;

Sainte-Beuve, qui pleure un autre Sainte-Beuve,
Hugo, Dumas, Vigny, Musset, urnes du fleuve
Qui verse l'ambroisie aux rêveurs, comme Hébé.

Gérard le voyageur m'écrira du Méandre,
Valbreuse me dira : Trente ans! adieu, Léandre;
Ariel à Paris me parlera du Rhin.

Gautier, d'un fourreau d'or tirant un paradoxe,
Viendra te battre en brèche, ô sottise orthodoxe!
De Philine et Mignon je rouvrirai l'écrin.

Esquiros, Thoré, Süe, armés de l'Évangile,
Bâtiront sous mes yeux leur église fragile
Avec Saint-Just pour saint et pour Dieu Jésus-Christ.

La Fayette, amoureux de poésie ardente,
M'allumera l'enfer de son aïeul le Dante;
Janin, Karr et Gozlan diront : Voilà l'esprit!

Lamartine au banquet de Platon me convie:
Sand, Balzac et Sandeau me conteront la vie:
Grisi va me verser les perles de sa voix.

Point d'hiver à Paris! car, s'il pleut ou s'il neige,
J'irai voir le soleil au Louvre dans Corrége,
Ou dans votre atelier, Diaz, Decamps, Delacroix !

Oui, je retourne à toi, poétique bohème,
Où dans le nonchaloir on fait un beau poëme
Avec un peu d'amour tombé du sein de Dieu.

Bois où je voudrais vivre, il faut vous dire adieu !

Bruyères, novembre 1845.

JE SENS FUIR LE RIVAGE

Je sens fuir le rivage, adieu la Poésie !
Elle reste au pays de l'éternel printemps.
Idéal, Idéal, que j'ai cherché longtemps,
J'ai surpris ton énigme au cœur du sphinx d'Asie.

Tu te nommes Jeunesse et verses l'ambroisie
Avec l'urne des dieux aux âmes de vingt ans.
Idéal, Idéal, vierge aux cheveux flottants,
Je te vois, mais je pars et ne t'ai pas saisie !

Cependant le vaisseau m'entraîne en pleine mer,
Et, comme l'exilé, dans sa douleur sauvage,
Je dis aux matelots : Retournons au rivage !

Car j'ai mis au tombeau, sur le rivage amer,
Mon amour le plus cher, ma maîtresse adorée,
La Jeunesse divine : adieu, Muse éplorée !

LIVRE QUATRIÈME

LA POÉSIE PRIMITIVE

LIVRE IV

LA POÉSIE PRIMITIVE

LA CHANSON DU VITRIER

DÉDIÉ A HOFFMANN

Oh! vitrier!

Je descendais la rue du Bac; j'écoutai, — moi seul au milieu de tous ces passants qui à pied ou en carrosse allaient au but, — à l'or, à l'amour, à la vanité, — j'écoutai cette chanson pleine de larmes.

Oh! vitrier!

C'était un homme de trente-cinq ans, grand, pâle, maigre, longs cheveux, barbe rousse : — Jésus-Christ et Paganini. — I. allait d'une porte à une autre, levant ses yeux abattus. Il était quatre heures. Le soleil couchant seul se montrait aux fenêtres. Pas une voix d'en haut ne descendait comme la manne sur celui qui était en bas. « Il faudra donc mourir de faim ! » murmura-t-il entre ses dents.

Oh ! vitrier !

« Quatre heures, poursuivit-il, et je n'ai pas encore déjeuné ! Quatre heures ! et pas un carreau de six sous depuis ce matin ! » En disant ces mots, il chancelait sur ses pauvres jambes de roseau. Son âme n'habitait plus qu'un spectre, qui, comme un dernier soupir, cria encore d'une voix éteinte :

Oh ! vitrier !

J'allai à lui. « Mon brave homme, il ne faut pas mourir de faim. » Il s'était appuyé sur le mur comme un homme ivre. « Allons ! allons ! » continuai-je en lui prenant le bras. Et je l'entraînai au cabaret, comme si j'en savais le chemin. Un petit enfant était au comptoir, qui cria de sa voix fraîche et gaie :

Oh ! vitrier !

Je trinquai avec lui. Mais ses dents claquèrent sur le verre, et il s'évanouit ; — oui, madame, il s'évanouit ; — ce qui lui causa un dégât de trois francs dix sous, la moitié de son capital ! car je ne pus empêcher ses carreaux de casser. Le pauvre homme revint à lui en disant encore :

Oh ! vitrier !

Il nous raconta comment il était parti le matin de la rue des Anglais, — une rue où il n'y a pas quatre feux en hiver, — comment il avait laissé là-bas une femme et sept enfants qui avaient déjà donné une année de misère à la République, sans compter toutes celles données à la royauté. Depuis le matin, il avait crié plus de mille fois :

Oh ! vitrier !

Quoi ! pas un enfant tapageur n'avait brisé une vitre de trente-cinq sous ! pas un amoureux, en s'envolant la nuit par les toits, n'avait cassé un carreau de six sous ! Pas une servante, pas une bourgeoise, pas une fillette, n'avaient répondu, comme un écho plaintif :

Oh ! vitrier !

Je lui rendis son verre. « Ce n'est pas cela, dit-il, je ne meurs pas de faim à moi tout seul : je meurs de faim, parce que la femme et toute la nichée sont sans pain, — des pauvres galopins qui ne m'en veulent pas, parce qu'ils savent bien que je ferais le tour du monde pour un carreau de trois francs. »

Oh ! vitrier !

« Et la femme ! poursuivit-il en vidant son verre, un marmot sur les genoux et une marmaille au sein ! Pauvre chère gamelle où tout le régiment a passé ! Et, avec cela, coudre des jaquettes aux uns, laver le nez aux autres ; heureusement que la cuisine ne lui prend pas de temps. »

Oh ! vitrier !

J'étais silencieux devant cette suprême misère : je n'osais plus rien offrir à ce pauvre homme, quand le cabaretier lui dit : « Pourquoi donc ne vous recommandez-vous pas à quelque bureau de charité ? — Allons donc ! s'écria brusquement le vitrier, est-ce que je suis plus pauvre que les autres ? Toute la vermine de la place Maubert est logée à la même enseigne. Si nous voulions vivre à pleine gueule, comme on dit, nous mangerions le reste de Paris en quatre repas. »

Oh! vitrier!

Il retourna à sa femme et à ses enfants, un peu moins triste que le matin, — non point parce qu'il avait rencontré la charité, mais parce que la fraternité avait trinqué avec lui. Et moi, je m'en revins avec cette musique douloureuse qui me déchire le cœur :

Oh! vitrier!

LA SOURCE

DÉDIÉ A PRUDHON

I

Elle se nommait Mœra, la blonde et blanche fille d'Halirrhoé, reine des nymphes de la mer. Son berceau, c'était la vague amoureuse, qui la portait sans secousse jusqu'au rivage.

Quand le quinzième printemps vint saluer son front sur la mer Ionienne, Jupiter descendit de l'Olympe pour soulever sa tunique flottante.

Elle vint sur le rivage secouer sur le sable les perles de ses pieds d'argent. Jupiter, sous la figure d'un jeune mortel, s'agenouilla pour baiser le sable frémissant tout baigné de rosée.

II

Mais Mœra, indignée d'être surprise, s'enveloppa dans sa virginité et se précipita dans la mer. Jupiter la suivit comme un nuage sur l'eau : « Je suis le roi des dieux. L'Olympe est mon trône, le monde est mon royaume. Je vis d'ambroisie et d'amour. Hébé me verse l'ambroisie dans une coupe d'or ; Mœra me versera l'amour par une bouche de rose. »

Mais Mœra fuyait toujours. Quand Jupiter la voulait saisir, elle lui versait d'une main outragée l'onde amère sur les lèvres.

III

En vain le roi des dieux lui parle avec passion du bois sacré de l'Ida, où les nymphes chantent les joies amoureuses, au battement d'ailes des blanches colombes de Vénus.

Quand Jupiter au front majestueux n'aime pas, il se venge. Il saisit avec violence Mœra aux pieds d'argent, et l'emporte dans le vol d'un aigle au sommet du mont Ida, que couronne la neige aimée de Diane.

« Puisque ce beau sein couvre un cœur de marbre, lui dit Jupiter en courroux, je te condamne à vivre éternellement dans cette neige, moins glaciale que toi. »

IV

Il dit et retourne dans l'Olympe, tout radieux de vengeance. Mœra pleura sa mère et ses compagnes de la mer Ionienne. Peu à peu elle s'enfonça dans la neige, comme dans une robe immaculée, avec un frémissement de joie et de pudeur.

Mais peu à peu la neige fondit et coula de ses cheveux épars, de son sein arrondi, de ses hanches savoureuses.

Zéphire vint à elle, et sema sur la route la rose aux vertes épines, la violette au doux parfum, l'hyacinthe aux fraîches couleurs, le narcisse qui se regarde dans la rosée.

V

Comme dans le bois sacré où Diane se baigne avec mystère sous les sombres arcades, des branches ténébreuses s'élevèrent au-dessus d'elle. Jamais retraite aimée des nymphes bocagères ne fut plus fraîche et plus odorante.

Diane et le chœur des chasseresses s'y vinrent rafraîchir après la course matinale. Diane baisa d'un chaste baiser le front rêveur de la Source.

Tous les bergers qui conduisent leurs génisses enjouées au pied du mont vinrent pieusement à la Source avec leurs cruches de grès. Mœra leur versait l'eau la plus pure qui ait coulé sur la terre.

Et, tout en emplissant leurs cruches, elle leur chantait son hymne par la voix poétique des flots et des vents :

CHANSON DE LA SOURCE.

N'aimez pas, bergers du mont Ida. L'amour est une folie furieuse qui nous égare jusqu'aux ténèbres des bêtes féroces.

N'aimez pas, si vous voulez préserver vos yeux des larmes qui brûlent comme la forge de Vulcain. Diane à l'arc d'argent me l'a dit en buvant les perles de mon sein glacial.

N'aimez pas, si vous voulez reposer en paix dans la prairie ombragée en défiant toutes les vipères de la jalousie.

N'aimez pas; Diane aux flèches d'or, souveraine des forêts profondes, est plus belle que Vénus, fille de Jupiter et mère de Cupidon.

VI

Et, quand la Source avait ainsi chanté, les bergers du mont Ida se dispersaient, tout en plaignant Mœra de n'avoir pas aimé; car elle était si belle, les pieds dans la neige et la gorge ruisselante !

JEANNE ET MADELEINE

DÉDIÉ A HÉROLD

I

Voyez-vous là-bas cette jolie fille, si parée avec sa méchante robe, comme elle allume de ses yeux le regard des passants.

C'est Madeleine.

Voyez-vous, plus loin, cette franche et naïve beauté, haute en couleur comme les roses? Elle réjouit mes yeux, et je l'ai surnommée la *Folle du logis*. Camille Roqueplan a peint avec amour, j'ai failli dire a *cueilli*, sa charmante figure tout épanouie.

C'est Jeanne.

II

Où vont-elles, les deux sœurs? Elles vont où les entraîne leur poésie; car la poésie, c'est comme l'air : tout le monde en vit.

III

Jeanne va gaiement à la barrière retrouver son amoureux, un beau de la barrière, qui l'épousera bravement par-devant l'écharpe tricolore.

Elle sera battue et contente, la pauvre Jeanne ! elle souffrira toutes les douleurs de la maternité et de la misère; mais elle aimera son nid. — Elle aimera tous ceux qui auront déchiré son sein, elle aimera celui qui, deux fois par semaine, rentrera ivre, — ivre de vin violet ! — et la battra si elle n'est pas en gaieté.

Elle aimera son homme et ses enfants, parce que Dieu sera avec elle.

IV

Et Madeleine, où va-t-elle ?

Elle va trouver un étudiant qui fume un cigare en retroussant sa moustache. Il lui achètera une robe à triples volants et un chapeau tout enguirlandé de fleurs et de dentelles. Après quoi, ils iront danser ensemble à la Chaumière; — après quoi, ils iront souper ensemble; — après quoi, — ils n'iront pas voir lever l'aurore...

Après quoi, elle ira partout, excepté chez elle; car ce premier lit que protégeait le rameau de buis, sa sœur seule y reviendra.

V

Madeleine, comme l'enfant prodigue, dépensera tous les trésors de son cœur et de sa jeunesse, sans jamais trouver un homme qui l'aimera bravement — aujourd'hui et demain !

Elle courra toujours pour se fuir elle-même, parce que Dieu ne sera pas avec elle.

VI

Et un jour elles se rencontreront, les deux sœurs. Et, en se voyant demi-nues, la mère féconde dira à la femme stérile, comme la voix de l'Écriture :

« Tu n'as embrassé que le vent et tu n'as écrit ton nom que sur les flots. Cache, cache tes seins flétris; moi, je les montre avec fierté, car j'y vois encore les lèvres de mes onze enfants. »

LA CHANSON DE GALATÉE

DÉDIÉ A BOUCHER

I

« Je suis Galatée, la nymphe de la mer, la plus belle des cinquante filles de Nérée ; ma mère, à ma naissance, me souleva sur les flots et me montra au soleil. Et le soleil a répandu son or sur mes cheveux. »

Et Galatée jeta une fleur dans le fleuve Acis.

II

« Je suis Galatée, la belle Néréide. Un jour que j'étais dans les prairies voisines, le berger Acis m'a surprise regardant mon image dans l'eau de la fontaine : j'ai voulu fuir, mais j'étais enchaînée dans ses bras ; j'ai regardé Acis, et j'ai pensé à l'enchaîner dans les miens. »

Galatée jeta une autre fleur dans le fleuve.

III

« Je suis Galatée, l'amante du berger Acis. Il m'a entraînée sous les arbres, il m'a couronnée de feuilles vertes et de baisers. Soleil qui m'avez vue penchée sur lui, mon bras amoureux ceignant sa tête si douce, mon regard perdu dans ses yeux, Soleil, avez-vous oublié quelle fut ma joie à cette heure d'enchantements? »

Galatée jeta encore une fleur dans le fleuve.

IV

« Je suis la nymphe de la mer que poursuivit l'horrible Cyclope. Me voyant si tendre aux caresses du beau berger, Polyphème jura de se venger; dès que je me fus jetée à la mer pour cacher ma rougeur, il détacha un rocher et le lança sur Acis. J'ai soulevé la tête au-dessus des flots, et j'ai vu le sang ruisseler sur le rivage. »

Galatée répandit dans le fleuve deux larmes de ses beaux yeux.

V

« Je suis la belle Néréide; les dieux, à ma prière, ont changé le sang d'Acis en ce fleuve qui coule si doucement sous le soleil et dans les roseaux chanteurs. »

Elle dit et se précipita dans le fleuve, tout échevelée; elle étreignit les flots avec passion, elle trempa ses lèvres inapaisées dans ces belles eaux où depuis si longtemps elle cherche le berger Acis.

LA BOUQUETIÈRE DE FLORENCE

DÉDIÉ A RUBENS

I

Vous l'avez tous connue, la bouquetière de Florence, la brune Flora, qui vous offrait ses roses et ses sourires; — comme la Flora du Titien.

Elle était belle comme une poétique apparition, sous son grand chapeau de paille de Florence, dont une duchesse de Paris se fût coiffée avec orgueil, — un chapeau qui lui avait bien coûté trois mille bouquets de roses, encadrés de jasmins !

II

Elle était belle par la somptuosité de sa gorge odorante et de ses épaules brunies, où le soleil s'était tant de fois arrêté comme une treille toute d'or et de pourpre.

Pas une femme, pas une seule, qui, en passant devant elle, n'enviât — et sa figure, — et son sourire idéal, — et son printemps éternel, — j'ai voulu dire ses bouquets, ses lèvres et ses joues.

III.

Elle avait aimé, comme toutes les filles de Dieu. Elle avait aimé. On voyait à ses beaux yeux ombragés le souvenir radieux des joies amoureuses.

Elle passait sa vie à cueillir des fleurs et à répandre des bouquets autour d'elle. La déesse Flore n'était pas digne de lui nouer des roses à ses souliers.

IV

Quand on arrivait à Florence dans quelque vieux carrosse traîné par quelque fantôme à quatre sabots, il vous tombait tout à coup une pluie de roses des mains de la bouquetière.

Quand on disait adieu à la mère patrie des artistes dieux, la bouquetière vous fleurissait la route par ses roses, ses sourires et ses adieux.

V

Et pour tant de bouquets semés sur votre chemin, — au café, — au théâtre, — au bal, — au casino, — à tous les coins de rue, que lui donniez-vous?

Les Anglais lui promettaient — de revenir — les Espagnols lui baisaient la main, les Allemands lui donnaient un florin, et les Français cent sous. Cent sous! Moi, je lui donnais tous les matins mon cœur — et cent sous.

VI

Elle était gaie et folle comme un rayon de soleil à Palerme ! Ah ! qu'elle portait bien son joli panier léger et délicat comme l'aile du passereau !

Mais, hier, je l'ai vue à Santa-Croce, se réfugiant au pied de la Madone ; l'église était assiégée et envahie par le peuple. Tout le monde demandait la tête de la bouquetière.

VII

Elle voulait mourir, car elle comprenait que sa couronne de beauté et de poésie était tombée dans la boue. « Signor, m'a-t-elle dit en pleurant, sauvez-moi de leur colère, — ou plutôt, sauvez-moi de moi-même. Ils veulent me tuer ; mais ne suis-je pas déjà morte ? »

La belle Flora, qui rappelait celle de Titien ! — ô honte ! — L'enfer du Dante s'était ouvert pour elle !

Avait-elle pris un amant indigne ? Avait-elle franchi le seuil d'un lupanar ? Avait-elle souillé dans le sang ses mains toutes pleines de roses ? — C'était bien pis : elle était devenue espionne.

VIII

Espionne ! Elle qui venait comme une sœur et comme une amante s'asseoir à côté de vous au café, qui vous donnait un bouquet, et qui prenait galamment votre granit ou votre café !

Elle qui vous parlait tout émue de sa jeune sœur, qui s'était réfugiée au couvent pour fuir les dangers des passions profanes, — espionne !

IX

Aussi le peuple irrité ne criait pas : « Livrez-nous la Flora ! » il criait : « Livrez-nous l'espionne ; nous la couronnerons de roses flétries !

« Nous l'attacherons au pilori, nous lui jetterons des fleurs à pleines mains, nous lui chanterons sa honte si haut, que les filles perdues passeront devant elle en rougissant. »

X

Les jeunes gentishommes de Florence ont voulu la sauver de cette couronne d'infamie ; ils ont revêtu le capuchon funèbre des frères de la Miséricorde, ils sont allés à elle en disant leurs chants lugubres comme pour un mort. Combien parmi eux qui t'avaient aimée, ô Flora épanouie !

Elle était morte, en effet, morte pour le soleil et pour l'amour, depuis qu'elle avait pris son cœur à deux mains pour le jeter aux pieds du ministre de la police, dans l'immondice ouvert aux cœurs de tous les espions.

XI

Les frères de la Miséricorde, pour apaiser le peuple dans son flux océanesque, l'ont couchée sur une civière, et l'ont emportée au couvent des filles repenties.

Le peuple a suivi le convoi.

« Elle est morte au monde, disait-on dans la foule ; elle va cacher sa honte sous le voile noir, elle ne cueillera plus de fleurs et n'aura plus d'amants. » Et le peuple attendri a pieusement entonné le *Miserere*.

XII

Que tous ceux qui l'ont aimée prient Dieu pour elle et effeuillent pieusement dans sa cellule solitaire les pâles fleurs du souvenir.

Le soleil, qui lui préparait des moissons, ne s'est pas voilé en ce jour de deuil ; il a continué avec sa royale indifférence à féconder les lys et les roses. Le soleil ! celui-ci l'a le plus aimée !

L'AMOUR ET LA MUSE

I

Il pleut à verse. Je ne sais que faire, je ne sais que dire, je ne sais où aller. Je n'ai pas de livres parce que j'ai des tableaux.

Heureusement pour vous et pour moi vous ne connaissez pas les livres que j'ai faits. L'oubli, ce grand réparateur de tous les torts, les a ensevelis dans ses toiles d'araignée. *De Profundis!*

Il en est un dont je veux vous dire un mot.

C'est un livre impossible et invraisemblable, triste et joyeux, sombre et gai, traversé de clairs éclats de rire, beaucoup de soleils levants, beaucoup de soleils couchants, spirituel et bête, raisonnable et fou, paradoxal et rebattu, — en prose et en vers. —

Si ce livre est digne d'être étudié, c'est par la passion ; — la passion, cette secousse du ciel, cette muse de l'infini qui aime les orages et les abîmes, cette caresse ou cette colère du vent marin qui enfle les voiles du navire et le pousse en pleine mer, là où chantent les syrènes, là où hurlent les dangers, là où éclatent les tempêtes.

De ce livre je ne sais ni le commencement ni la fin. — Le commencement est cousu avec du fil de la Vierge accroché à un berceau; la fin, — les bons dénoûments font les bons livres, — mais comment celui-ci finira-t-il?

J'y ai lu des pages qui m'ont charmé et désolé. Que de fois ma gaieté y a répandu des larmes et ma tristesse des rires!

Que de belles strophes taillées dans le bleu du sentiment! que de beaux paradoxes jetés dans l'éclat de l'esprit!

Les sonnets de ce livre-là ne sont-ils pas ciselés avec tout l'art d'un Benvenuto Cellini? Mais valent-ils ces poëmes qui ont jailli du cœur comme une source vive de poésie amoureuse?

Quoi qu'en dise Boileau, ce jardinier d'un jardinet, qui taillait l'if et le chèvrefeuille pour faire la toilette à la nature, j'aime mieux un long poëme qu'un sonnet-Cellini, parce que j'aime mieux l'inspiration du cœur que les recherches de l'esprit.

Ce livre charmant et détestable, qui ne sait rien et qui ose tout dire, qui est trop souvent ouvert au même chapitre, vous en avez lu çà et là quelques pages, — qui sait? vous y avez écrit quelques lignes.

Dans ce livre qui n'est rien, il y a de tout. Il y est question de peinture et de statuaire, de Lully et de Mozart, de tous les poëtes connus et inconnus. C'est une bibliothèque en désordre. C'est à y devenir fou, car il y a un fragment sur Dieu, — un abîme qui eût effrayé Pascal.

Ce livre, c'est ma vie.

C'est pour ce livre-là seulement que j'ai été poëte. J'ai chanté pour moi seul les belles strophes de la passion et de la rêverie.

Ce livre, c'est le fini et l'infini. C'est hier, c'est aujourd'hui, c'est demain.

Si c'est un mauvais livre, c'est du moins un livre de bonne foi, écrit par un homme de bonne volonté.

II

Il y a deux manières d'être poëte:

Être poëte pour soi ou pour les autres, pour sa vie ou pour son œuvre.

Être le violon dont le premier venu saisit l'archet, — le miroir où l'étranger vient voir passer les images de sa vie.

Ou bien être le violon d'Hoffmann, dont Hoffmann seul savait les secrets; — le miroir amoureux où la belle Djaïma, morte vierge et martyre, a surpris sa chaste nudité, — et qu'elle a brisé pour cet attentat.

Quand j'avais vingt ans, je me promenais souvent en compagnie d'une belle fille et d'un enfant, la Muse et l'Amour, qui me parlaient ainsi tout en me donnant la main.

LA MUSE.

O mon amant! que tu es heureux des inspirations qui tombent de mon cœur!

L'AMOUR.

Le monde de ton âme, quand tu es avec elle, est un ciel nocturne tout étoilé de rimes scintillantes.

LA MUSE.

Oui, ces rimes-là sont des étoiles de poésie qu'il cueille avec amour.

L'AMOUR.

Que ne cueille-t-il toujours les roses toutes fraîches que j'incline sous sa main! — Cueillir des rimes! encore s'il cueillait des idées! — Mais les idées n'ouvrent leur calice que sous mon souffle de feu.

LA MUSE.

Les idées! j'en ai les mains toutes pleines.

L'AMOUR.

Tu appelles cela des idées! ce ne sont que des rimes : *buissons, chansons; sauvage, rivage; bois, abois; perle, merle; miel, ciel.*

LA MUSE.

Tu ne comprends pas, — enfant, — qu'il y a tout un hymne agreste dans ces mots. Écoute plutôt chanter mon poëte.

Elle dit; et moi, je me mis à chanter cette symphonie de la terre au ciel, prenant la rime des mains de la belle fille comme la religieuse son rosaire.

<pre>
       Un rayon de soleil se brise
       Sur la branche et sur les buissons.
       Je m'assieds à l'ombre où la brise
       M'apporte parfums et chansons :

       Parfum de la fraise rougie
       Qui tremble sur le vert sentier;
       Chanson — palpitante élégie —
       De l'oiseau sur le chêne altier;

       Parfum de la rose sauvage,
       Doux trésor du pâtre amoureux;
       Chanson égayant le rivage,
       Qui parle à tous les cœurs heureux;

       Parfum du trèfle qui se fane
       Et pénètre au travers du bois;
       Chanson d'une bouche profane
       Qui met plus d'un cœur aux abois;

       Parfum de la source qui coule
       Dans un lit de fleurs ombragé;
       Chanson du ramier qui roucoule,
       Et me chante l'amour que j'ai;

       Parfum de l'herbe qui s'emperle
       A la brume des soirs d'été;
       Chanson éclatante du merle,
       Qui bat de l'aile en sa gaieté;

       Parfum de toute la nature,
       Fleur, arome, ambroisie et miel;
       Chanson de toute créature
       Qui parle de la terre au ciel.
</pre>

Et, quand j'eus ainsi secoué les parfums et rimé les chansons que la terre élève au ciel, la belle fille me sourit et l'enfant me rit au nez à belles dents.

LA MUSE.

O mon poëte! comme tu as bien parfilé la rime!

L'AMOUR.

Il arrange des mots en bataille. Les mots appellent les mots : le substantif appelle l'adjectif, l'adjectif appelle le verbe, — et l'idée sort de cette tour de Babel comme la lumière du chaos; — et cela s'appelle de la poésie! Ce ne sont que jeux d'esprit et de hasard. — C'est vous qui êtes des enfants, puisque vous allez chercher le soleil dans un puits. Je vais vous donner une leçon de poésie, — moi qui n'ai pas sous le bras un dictionnaire de rimes.

III

Comme il parlait encore — l'enfant — je vis apparaître Cécile sur le sentier, Cécile, qui, toute gaie, toute pensive et toute distraite en même temps, s'en revenait de vendanger sur la colline. Je courus à sa rencontre. « Tu viens à point, me dit-elle en se jetant à mon cou après avoir posé son panier de raisin sur la marge du sentier; je songeais, tout en égrenant ces belles grappes de pourpre et d'or, tout en cueillant au passage ces doux fils de la Vierge qui portent bonheur — à ceux qui sont heureux, — je songeais que déjà les bois ne chantent plus, que le regain est fauché, que les moulins à vent annoncent l'hyver là-haut, là-haut sur la montagne; car les voilà qui s'en vont à perdre haleine. Or, l'hyver, ami, nous ne nous rencontrerons plus, — moi dans la vallée, toi sur la montagne. »

Ainsi elle me parla. Ce que je lui répondis, je n'en sais rien. Combien nous égrenâmes du même coup de dents de grappes de raisin, je ne les comptai pas. Pourquoi la nuit nous surprit et nous égara dans les sentiers, ce fut parce que nos cœurs avaient à chanter toute la symphonie de la vendange. Je lui dis adieu au seuil de sa porte. Elle entra. On l'attendait pour souper. Le père jouait du violon sans trop d'impatience. Le frère avait tué des cailles et des bécassines. On servit tout cela sur la table. « Et ton panier de raisin? dit la mère à Cécile. — Ah! mon Dieu, dit-elle en rougissant, je l'ai oublié. — Tu l'as oublié! tu es donc folle? Pourquoi es-tu allée dans les vignes? »

Le soir, je m'en revenais tout en me disant : « Pourquoi Cécile est-elle allée dans les vignes? » L'Amour me saisit la main gauche au passage pendant que la Muse me prenait la main droite.

L'AMOUR.

Pourquoi? Je le sais bien, moi.

LA MUSE.

L'enfant avait raison. Il y a deux sortes de poëtes ici-bas : les uns qui prennent la poésie pour leur vie, artistes jaloux qui cachent à tous leur chef-d'œuvre, méprisant la renommée qui a trop d'yeux pour y bien voir; les autres qui prennent la poésie pour leurs livres, qui s'y répandent eux-mêmes avec une sublime abnégation, — ou plutôt avec un égoïsme plus élevé, puisque leurs livres c'est encore eux, — et que leur gloire est la métamorphose radieuse de leur *moi*.

L'AMOUR.

Le vrai sage est celui qui est poëte pour lui-même. Je dis le vrai sage, à la condition qu'il soit un peu fou.

LA MUSE.

Celui-là qui ne chante que pour son cœur ne craint pas les colères de la critique; mais celui-là qui chante pour tous les cœurs qui aiment, qui souffrent, qui vivent, est payé par cent mille battements de cœur!

Voilà ce que me dirent ce jour-là l'Amour et la Muse.

VIOLANTE

DÉDIÉ A PHIDIAS

I

Elle était fille de Palma, la belle Violante.

Quand le quinzième printemps eut fleuri sur ses joues, le peintre s'agenouilla devant sa fille, comme devant une image de la sainte vierge Marie, reine des anges.

« Violante, Violante, — lys épanoui dans mon amour sur les flots bleus de ma belle Venise, — ta gloire en ce monde sera incomparable : la Vierge que je vais peindre pour l'église de la Rédemption sera ton image fidèle, ô Violante !

« Car tu es l'image des saintes filles qui sont là-haut dans le ciel où est Dieu.

« Car l'or de tes cheveux est tombé du ciel comme un rayon d'amour ; car la flamme qui luit dans tes yeux, c'est la flamme divine que les anges allument sur leurs trépieds d'argent. »

II

Et, disant ces mots, le peintre prit sa palette, et peignit pour la gloire de l'art et pour la gloire de Dieu.

La Vierge, qui s'anima sur le panneau de bois de cèdre, fut un chef-d'œuvre tout rayonnant d'amour et de vérité.

Quand le tableau fut achevé, Violante s'envola comme un oiseau pour aller chanter sa chanson. Elle était née pour aimer, comme toutes les filles de la terre. Dieu lui-même, qui aime la jeunesse en ses égarements, jette des roses odorantes sur le chemin de Madeleine pécheresse.

III

Comme elle allait chantant sa chanson, elle rencontra Titien et son ami Giorgione.

— Mon ami Titien, quel chef-d'œuvre tomberait de nos palettes si une pareille fille daignait monter à notre atelier ! Quelle Diane chasseresse fière et élégante ! Quelle Vénus tout éblouissante de vie et de lumière !

— Si elle venait dans mon atelier, dit Titien tout ému, je tomberais agenouillé devant elle, et je briserais mon pinceau.

Violante alla dans l'atelier du Titien : il ne brisa point son pinceau. Après avoir respiré avec elle tous les parfums enivrants d'une aube amoureuse, il la peignit des fleurs à la main, plus belle que la plus belle.

IV

Giorgione vint pour voir ce portrait; mais Titien cacha la femme et le portrait.

Longtemps il vécut dans le mystère savoureux de cette passion si éblouissante et si fraîche : c'était le rayon dans la rosée.

Un jour, plaignez la fille de Palma le Vieux ! Titien exposa le portrait de sa maîtresse. Tout le monde allait l'aimer; mais l'aimait-il encore ?

Après avoir souri aux Vénitiens par les yeux et les lèvres de sa maîtresse, Titien, enivré par le bruit… (plaignez Palma le Vieux, qui ne voyait plus sa fille que dans les vierges de la Rédemption!) Titien métamorphosa Violante en Vénus sortant de la mer, vêtue de vagues transparentes.

V

L'Art avait étouffé l'Amour : Violante était si belle, qu'elle se consola dans sa beauté; son règne était de ce monde, elle régna.

Un soir, à l'heure du salut, elle entra à l'église de la Rédemption. La voyant entrer, on disait autour d'elle : « Voilà Violante qui se trompe de porte. »

En respirant les fumées de l'encensoir, elle tomba agenouillée devant un autel où son père venait prier souvent. L'orgue éclatait dans ses louanges à Dieu; les jeunes Vénitiennes chantaient avec leurs voix d'argent l'hymne à la reine des anges.

Violante leva les yeux, ces beaux yeux qu'avaient allumés toutes les passions profanes.

VI

Son regard tomba sur une figure de Vierge, la plus pure, la plus noble, la plus adorable qui fût dans l'église de la Rédemption.

« Sainte Marie, mère de Dieu, murmura-t-elle doucement, priez pour moi. »

Elle était frappée de la beauté toute divine de cette Vierge, qui semblait créée d'un sourire de Dieu.

« Hélas! on me dit que je suis belle, c'est encore un mensonge de l'amour; la beauté, la voilà dans tout son éclat avec une pensée du ciel. »

Un souvenir était venu agiter son cœur, un vague souvenir, un éclair dans la nue.

VII

« Quand j'étais jeune, dit-elle en contemplant la Vierge, quand j'avais seize ans... »

Elle tomba évanouie sur le marbre. Cette Vierge si belle, qui se détachait sur un ciel d'or et d'azur, c'était la Vierge de Palma le Vieux.

Violante s'était reconnue.

« O mon Dieu! s'écria-t-elle en dévorant ses larmes, pourquoi avez-vous permis cette métamorphose? »

Elle qui la veille encore se trouvait si belle dans son miroir de Murano, elle cacha sa figure comme si elle se voyait dans toute l'horreur de ses égarements.

VIII

Elle se leva et sortit de l'église, respirant avec une sombre volupté l'amère odeur de la tombe.

Où alla-t-elle? Le soleil, l'amoureux soleil de Venise, vint sécher la dernière perle tombée de ses yeux.

Où alla-t-elle? On était dans la saison où le pampre commence à dévoiler ses altières richesses.

Elle rencontra Paul Véronèse, qui la couronna des premières grappes dorées de la Brenta. O ma Vierge! disait Palma le Vieux; — ô mon Idéal! disait Giorgione; — ô ma Maîtresse! disait Titien; — ô ma Bacchante! dit Paul Véronèse.

LES LARMES DE JACQUELINE

AUX CHEVEUX D'OR

DÉDIÉ A COUSTOU

I

En ce temps-là, près de l'abbaye était une fontaine.

Une petite fontaine qui coulait, coulait dans l'oseraie, l'ajonc et les nénufars.

Dans la fontaine, un grand saule baignait ses cheveux verts; sous le grand saule, Jacqueline venait tous les soirs à l'heure où les fleurs de nuit ouvrent leur calice.

II

Jacqueline ne venait pas sous le grand saule pour boire à la fontaine.

Car, à l'heure où les fleurs de nuit ouvrent leur calice, son ami Pierre, le forgeron, était sous le grand saule. Le beau forgeron au regard fier et doux.

Tous les soirs, selon la saison, ils cueillaient de la même main des violettes, des myosotis et des pervenches.

Et, quand les fleurs étaient cueillies, Pierre les baisait et les cachait dans le sein de la belle Jacqueline.

Ah ! jamais sous le ciel où est Dieu, jamais on ne s'était aimé avec une pareille joie.

III

Quand Jacqueline arrivait sous le grand saule, il devenait pâle comme la mort. « Ami, disait-elle, jure-moi d'aimer ta Jacqueline aussi longtemps que coulera la fontaine. »

A quoi l'ami Pierre répondait : « Aussi longtemps que coulera la fontaine, aussi longtemps j'aimerai la belle Jacqueline aux cheveux d'or. »

Il jura, mais un jour elle se trouva seule sous le grand saule.

IV

Elle cueillit les fleurs bleues en l'attendant ; mais il ne vint pas cacher le bouquet dans la brassière rouge.

Elle jeta les fleurs dans la fontaine et elle s'imagina que la fontaine pleurait avec elle.

Le lendemain elle vint un peu plus tôt et s'en alla un peu plus tard.

Elle attendit ; les rossignols chantaient dans les bois, les bœufs mugissaient dans la vallée.

Elle attendit ; la cloche de l'abbaye sonnait l'Angelus, la meunière du moulin à eau chantait sa joyeuse chanson.

Huit jours encore Jacqueline vint. « C'est fini ! dit-elle, c'est fini ! »

Les soldats du roi passaient par la rivière. « Ah ! oui, dit-elle, il est parti pour aller à la guerre. »

Elle alla frapper à la porte de l'abbaye. « C'est une pauvre fille qui veut n'aimer que Dieu, » dit-elle en se jetant au pied de la croix.

V

On coupa ses beaux cheveux d'or, on renvoya à sa mère sa brassière rouge et son anneau d'argent.

Cependant il revint, lui, le forgeron. « Où es-tu, Jacqueline? Jacqueline, où es-tu? La fontaine coule toujours, voilà l'heure où les pigeons blancs s'en vont au colombier, l'heure où les fleurs de nuit ouvrent leur calice. Où es-tu, Jacqueline? où es-tu? »

L'ami Pierre vit passer Jacqueline sous la robe noire des religieuses.

VI

« Pauvre Jacqueline, elle a perdu ses cheveux d'or! »

Il s'approcha d'elle. « Jacqueline, Jacqueline, qu'as-tu fait de notre bonheur? Pendant que j'étais prisonnier de guerre, te voilà descendue au tombeau. Jacqueline, Jacqueline, que ferai-je à ma forge sans toi?

« Toi qui m'aurais donné ton cou pour reposer mes bras; ta bouche pour embaumer mes lèvres.

« Toi qui m'aurais donné des enfants pour égayer le coin de mon feu.

« Je les voyais déjà en songe nichant dans tes mains leurs petits pieds roses et secouant d'une lèvre distraite la dernière goutte de lait puisée à ton sein.

« Adieu, Jacqueline, j'irai ce soir dire adieu à la fontaine, au grand saule, aux fleurs bleues.

« Et, quand j'aurai dit adieu à tout ce que j'ai aimé, je couperai un bâton dans la forêt pour m'en aller en d'autres pays. »

VII

Le soir, quand l'ami Pierre vint à la fontaine, le soleil argentait d'un pâle rayon les branches agitées du saule.

C'était un jour de chasse; l'aboiement des chiens et le hallali des chasseurs retentissaient gaiement sur la Marne.

Quand Pierre arriva sous le grand saule, il tressaillit et porta la main à son cœur.

Il avait vu une religieuse couchée dans l'herbe, la tête appuyée sur la pierre de la fontaine.

« Jacqueline! Jacqueline! » dit-il en tombant agenouillé.

L'écho des bois répondit tristement : Jacqueline, Jacqueline!

Il la souleva dans ses bras avec effroi et avec amour.

VIII

« Adieu, mon ami Pierre, lui dit-elle doucement; depuis que je suis à prier Dieu dans le couvent, je me sens mourir d'heure en heure.

« Je suis morte, ami; si mon cœur bat encore, c'est qu'il est près du tien.

« J'ai une grâce à te demander : tout à l'heure, enterre-moi ici; je ne veux pas retourner au couvent, où j'avais le cœur glacé.

« Enterre-moi ici, mon ami Pierre; j'entendrai encore couler la fontaine et gémir les branches du saule.

« Dans les beaux soirs du mois de mai, quand le rossignol chantera ses sérénades sous les ramées, je me souviendrai que tu m'as bien aimée. »

IX

Quand Jacqueline eut dit ces paroles, Pierre s'écria : « Ma belle Jacqueline est morte! »

La lune, qui s'était levée au-dessus de la montagne, vint éclairer la fontaine d'une blanche et funèbre clarté.

Pierre reprit son amie dans ses bras, lui disant mille paroles douces, croyant toujours qu'elle allait lui répondre.

Elle ne l'écoutait plus. Qu'elle était belle encore en penchant sa pâle figure sur l'épaule de son ami Pierre !

X

Durant toute la nuit, Pierre pria Dieu pour l'âme de sa chère Jacqueline, tantôt à genoux devant la trépassée, tantôt la pressant sur son cœur.

Au point du jour, il creusa une fosse tout en sanglotant. Quand la fosse fut profonde, il y sema de l'herbe tout étoilée de violettes.

Sur le lit funèbre, il coucha Jacqueline pour l'éternité ; une dernière fois il lui prit la main et la baisa.

Sur Jacqueline il jeta toutes les fleurs sauvages qu'il put cueillir au bois et dans la prairie.

Sur les fleurs sauvages, il jeta de la terre, terre bénite par ses larmes.

Il s'éloigna lentement. Les religieuses, à leur réveil, entendirent ses sanglots.

XI

Depuis ce triste jour, jamais le forgeron n'a battu le fer à la forge.

Depuis ce triste jour, Jacqueline a dormi au bruit de la fontaine, bruit doux à son cœur.

Dans les soirs du mois de mai, quand le rossignol chante dans les bois, elle se souvient que son ami Pierre l'a bien aimée.

Et l'on voit tressaillir les fleurs bleues qui parsèment sa tombe toujours verte.

Ici finit l'histoire du forgeron et de sa belle Jacqueline, qu'un sculpteur, poëte de son temps, écrivit dans les bas-reliefs de l'abbaye.

LES SYRÈNES

DÉDIÉ A PRAXITÈLE

I

Elles sont toutes là : Agœophone, Pisinoé, Ligye, Molpo, Parthénope ; les unes nées des baisers de la mer sur le rivage et des baisers du soleil sur la vague amoureuse ; les autres nées des danses de Terpsichore sur le fleuve Achéloüs.

Les syrènes sont sorties de la mer en chantant, quand Vénus a secoué les perles de son sein, — son sein doux au regard et à la bouche comme une pêche des vergers de l'Olympe.

Elles sont là, — perfides comme les ondes, — groupées sur une île flottante et appelant à elles les lointains passagers.

II

Celles qui, couronnées de perles et d'herbes marines, sont au sommet du rocher, jouant de la flûte et de la cythare, ce sont les *Nymphes de l'Idéal*. celles-là qui chantent les songes de la Poésie.

Elles voudraient entraîner les passagers dans les pays d'outre-mer, où l'Idéal pose ses pieds de feu et ses ailes de neige.

Leurs yeux bleus parlent du ciel, leurs cheveux blonds parlent du soleil.

III

Celles qui, couronnées de perles et de pampre vert, sont renversées dans les herbes fleuries du rocher, ce sont les *Chimères de la Jeunesse*, qui enchaînent le monde dans leurs bras de neige et dans leurs chevelures ondoyantes.

Celles qui, couronnées de corail éclatant comme la braise, sont couchées sur l'eau, enivrées par la mer comme les bacchantes par la grappe foulée, ce sont les *Voluptés*, — charmantes et cruelles.

Celles-là ne chantent pas; mais les flots amoureux chantent en les baisant d'une lèvre furieuse

LA CHANSON DES SYRÈNES.

Nous sommes les Achéloïdes. Non loin du trône d'or, nageant dans l'azur où l'Amour sourit et répand des roses, nous chantons avec les vents et les vagues.

Nous écrivons nos hymnes sur la mer; mais les dieux jaloux effacent tous les jours nos chansons.

Passagers, qui voulez courir d'un monde à l'autre, arrêtez-vous dans notre palais : nous versons, dans une coupe d'argent, les chastes délices et les altières voluptés.

Nous racontons toutes les joies mystérieuses de Vénus; car nous avons assisté au banquet des dieux : — les dieux qui s'égayent et qui content quand Hébé leur verse l'ambroisie.

Nous enseignons la Paresse qui aime l'Amour, l'Orgueil qui veut escalader le ciel, toutes les Passions tendres et violentes.

Lachésis, fille de Jupiter, laisse pendre dans nos mains le fil de

ta vie, ô voyageur ! Viens à nous, et nous endormirons les douleurs sur notre sein plus doux que la plume.

Quand on nous a entendues, notre chant s'attache au cœur. Ulysse lui-même était pris par cette chaîne de roses.

Mais Ulysse, attaché au mât du vaisseau par des chaînes de fer, ne pouvait accourir à nous. Ulysse fuyait lâchement devant les Passions.

IV

Cependant le passager vient, ébloui par la beauté, enivré par la chanson.

Il se précipite au sommet du rocher, à travers les herbes, les herbes fleuries qui lui déchirent les pieds jusqu'au sang.

Il veut saisir les *Nymphes de l'Idéal*, mais elles s'évanouissent dans la vague qui passe.

Il tombe dans les bras des *Chimères de la Jeunesse*, qui le poussent tout meurtri dans les bras insatiables des *Voluptés*, — les louves et les lionnes sombres et rayonnantes.

V

Il croit sourire à la vie, mais la mort est là qui veille sur les folies de son cœur.

Les Syrènes, ce sont les Passions, de la vie, — adorables, folles et cruelles. — Le vrai sage les traverse sans se faire enchaîner au mât du vaisseau ; — le poëte ne les fuit pas comme le vieil Ulysse ; il se jette éperdument dans leurs bras, il s'enivre de leurs chansons, il creuse sa tombe avec elles.

Car le poëte dit que la sagesse est stérile, surtout quand elle se nomme Pénélope et qu'elle enfante Télémaque.

L'HÉLÈNE DE ZEUXIS

DÉDIÉ A RAPHAEL

I

Dans l'atelier de Zeuxis, où la lumière orientale ruisselle comme la chevelure blonde de Cérès,

Sept jeunes Athéniennes entrent quand les Heures tressent leurs guirlandes de roses et de soucis sous le soleil couronné de feu.

Le peintre a dénoué leurs ceintures; le peplum tombe à leurs pieds comme le flot écumant qui souleva Vénus.

Elles ne sont plus vêtues que de leurs chevelures flottantes et de la chasteté du peintre. Zeuxis prend sa palette pour chanter une hymne à la Beauté : il va peindre Hélène!

II

La première femme que Jupiter a créée était belle comme un rêve de dieu olympien; mais peu à peu les formes, si parfaites sous la main du Créateur, s'altèrent en passant par la main des hommes.

La Beauté n'apparaît plus aux artistes que par fragments radieux.

Pour peindre Hélène, Zeuxis choisit les sept plus belles filles d'Athènes ;

III

Car l'une avait la hanche savoureuse de Vénus ; l'autre, la jambe fine et souple de la Chasseresse ;

Celle-ci, la figure d'Hébé ; celle-là, la grâce des trois Grâces ;

La cinquième avait le cou voluptueux de Léda, se détournant des baisers du cygne ;

La sixième avait le sein orgueilleux de Junon : on eût dit la neige empourprée par le soleil couchant ;

La septième avait la chaste beauté de Daphné, quand elle cachait son flanc de marbre dans un rameau vert. Qui dira jamais les couleurs, la transparence, les veines d'azur de ce beau flanc virginal ?

IV

Mais celle-ci, quand le peplum tomba à ses pieds, s'enfuit tout effarée comme une colombe surprise à son premier battement d'aile amoureux — ou comme la vestale qui, près du trépied d'or, voit son image rayonnante dans le miroir d'acier poli.

Zeuxis ne courut pas après elle ; il se contenta des six Athéniennes qui lui dévoilaient leurs beautés.

Mais quand Hélène fut peinte :

« Elle est belle, dit l'aréopage ; elle a toutes les beautés des six jeunes filles qui se sont dévoilées à toi, ô Zeuxis ! mais il lui manque la pudeur de la septième. »

L'AMOUREUSE

QUI SE NOURRIT DE ROSES

DÉDIÉ A L'ARIOSTE

I

A Venise, dans un vieux palais visité par les flots bleus de l'Adriatique, j'ai vu un tableau représentant une jeune fille devant une table chargée de roses. Jamais plus idéale volupté ne m'était apparue dans ce pays du Giorgione et du Tasse.

C'est le portrait de Giacinta, peint par son amant Schiavoni.

Muse voyageuse, qui vas recueillant par le monde les larmes de la vie privée, raconte, sans prendre ta lyre, l'histoire du dernier souper de Giacinta.

II

Voici l'histoire de Schiavoni et de Giacinta, un pauvre peintre et une belle fille.

Il commença par être peintre d'enseignes. Il était né à Sebenico, en Dalmatie. Il vint de bonne heure à Venise, où nul peintre alors célèbre ne daigna lui servir de maître.

Cependant Titien le rencontra un jour qu'il allait, ses tableaux à la main, les offrir à un marchand. Le grand peintre fut surpris de la touche originale de Schiavoni. — Qui donc t'a enseigné ces tons transparents et ces belles attitudes? — Je ne sais pas. — Pourquoi cette pâleur? — J'ai faim.

III

Titien prit la main de Schiavoni et l'emmena à la bibliothèque de Saint-Marc : — Voilà de quoi gagner ton pain.

Schiavoni peignit trois ronds près du campanile, trois chefs-d'œuvre de sentiment.

Mais, quand ce fut fini, il retomba en pleine misère; il n'avait travaillé que pour payer ses dettes et passer gaiement le carnaval. Il ne rencontra plus Titien et n'osa plus aller à lui.

Il se consolait dans l'amour d'une belle fille qu'il avait vue un soir pleurant sur le Rialto. — Pourquoi pleurez-vous? — Mon père est embarqué et ma mère est morte. — Venez avec moi, car moi aussi je pleure, et comme vous je suis seul.

Elle le suivit. Elle lui donna sa beauté, il lui donna son cœur. Mais Dieu sans doute ne bénit pas ces fiançailles.

IV

Pourtant ils espérèrent. Lui, le grand peintre, il avait fait de son art un métier; il peignait des enseignes ou des copies. Ils habitaient une petite maison non loin des palais Barbarigo et Foscari. La nuit ils entendaient chanter les joies de la vie; ils ne pouvaient s'endormir, parce qu'ils avaient faim.

Giacinta n'avait pas faim pour elle, mais pour ses enfants. Tous les ans, elle avait un enfant de plus, — et huit années déjà s'étaient écoulées depuis la rencontre sur le Rialto. — La Providence a de cruelles ironies.

V

« Les Pères de Sainte-Croix vinrent un jour commander une Visitation à Schiavoni : il se mit au travail, croyant que les mauvais jours allaient finir pour sa chère Giacinta. Le tableau achevé, ce fut une fête dans l'église. Venise tout entière vint apporter des fleurs devant la madone.

« Le peintre demeura en l'église jusqu'à la nuit. Quand tous les fidèles se furent retirés, il s'approcha des Pères de Sainte-Croix et leur demanda un peu d'argent. — Nous n'en avons pas; emportez des fleurs, comme un tribut à votre génie.

VI

« Schiavoni saisit avec désespoir deux bouquets de roses et s'enfuit comme un fou.

« Giacinta était à sa rencontre avec ses huit petits enfants sur le seuil de la porte. — Des bouquets de roses! dit-elle avec son divin sourire. — Oui, voilà quelle est la monnaie des Pères de Sainte-Croix! dit Schiavoni en jetant avec fureur les roses aux pieds de sa maîtresse.

« Elle pâlit et ramassa les roses. — Je vais servir le souper, dit-elle; amuse un peu ces pauvres petits.

Schiavoni appela les enfants dans son atelier. Pauvre nichée affamée qui criait misère par tous ses becs roses! Quand il reparut, la table était mise; tous les enfants prirent leur place accoutumée.

Dès que Schiavoni se fut assis, Giacinta lui servit sur deux plats d'étain les bouquets de roses effeuillés.

Ce fut le dernier souper de Giacinta.

LA MUSE DE LA VIE

LE POÈTE.

Qui es-tu? ô toi qui pleures dans mon âme! ô toi qui ne chantes plus que la chanson des mélancolies! ô toi qui ne crois plus qu'au paradis fermé! ô toi qui portes la dernière couronne des vertes années!

LA JEUNESSE.

Qui je suis, hélas! je suis ta jeunesse. Ne me reconnais-tu donc pas aux battements de ton cœur? Je suis ta jeunesse, mais je te fuis et je me fuis moi-même.

LE POÈTE.

Oui, il était une fois un poëte qui s'appelait, comme moi, Arsène Houssaye. Sa pâle figure me sourit encore çà et là comme celle d'un ami mort : les vrais revenants sont les fantômes de la jeunesse. Le *moi* d'hier n'existe plus; c'est à peine si je saisis le *moi* d'aujourd'hui. Le *moi* qui a écrit les *Romans de la Vie*, ou plutôt qui les a traduits de son cœur, est depuis dix ans tombé en poussière. Il a aimé des femmes à qui je n'ai jamais dit un mot; il a signé des livres que je ne lirai peut-être jamais.

LA JEUNESSE.

J'aimais ce mauvais poëte qui allait, tout enivré des joies et des tristesses de son cœur, sans savoir que c'était la poésie qui chantait en lui. Il allait, heureux de respirer sous l'aubépine amère et sous le pampre amoureux. Le beau temps! on ne sait pas où l'on va, car le sentier est si touffu! Si on ne voyait le bleu des nues au travers des branches neigeuses, on croirait marcher dans le Paradis, avec ces deux filles du ciel qui vous conduisent par la main : la Muse qui aime et la Muse qui chante.

LE POÈTE.

Et, après avoir pris la poésie pour son cœur, qui est le vrai livre du poëte, il s'est réfugié dans l'art comme dans un temple austère. Après avoir tendu les bras vers l'avenir, il les a ouverts sur le passé. Il a feuilleté mille fois le livre d'or des Grecs et des Italiens écrit sous Aspasie et sous Michel-Ange. Il n'a aimé ni les Romains du siècle d'Auguste ni ceux du siècle de Louis XIV. Il a le mal du pays; car son pays, c'est un autre temps. Il va, il va, cherchant son pays ou son idéal dans les fresques et les bas-reliefs de l'Antiquité et de la Renaissance.

LA JEUNESSE.

Oui, mais il a fui les buissons d'églantier qui chantent ses vingt ans.

LE POÈTE.

Oui, pour ouïr le chant de la mort qui nous poursuit, de plus en plus retentissant jusqu'à la tombe. A trente ans, nous nous sommes déjà enterrés trois ou quatre fois. La mort, avec la hache du bûcheron, a coupé en pleine sève les branches vivantes où chantait la colombe d'amour. Mais le soleil se lève tous les matins, avril ramène les primevères, le cimetière s'étoile de marguerites.

LA JEUNESSE.

Quand on a vu partir pour le cimetière sa mère, sa sœur ou sa femme, on commence à aimer comme une patrie le royaume des ténèbres.

LE POÈTE.

Le royaume des ténèbres est le royaume de la lumière. D'ailleurs, les femmes aimées ne meurent pas pour ceux qui les aiment. Elles laissent en nous une parcelle de feu divin, un souvenir toujours vivant, je ne sais quoi de leur âme qui palpite en notre cœur. Elles sont la lumière de nos pensées, comme le soleil est la lumière de nos yeux.

LA JEUNESSE.

Quand on a vingt ans, on trouve toute une carrière de marbre pour bâtir sa maison ou son palais ; mais trop tôt on s'aperçoit qu'on manque même de pierres, — et le monument est en ruines avant d'être achevé.

LE POÈTE.

Il n'y a que Philémon et Baucis qui aient supporté en cariatides le monument de leur amour, parce que c'était une chaumière.

LA JEUNESSE.

J'ai mes jours de défaillance. Je sens fuir le rivage des belles passions. J'ai vu les Heures effeuillant leur couronne de roses et cueillant des branches de cyprès.

LE POÈTE.

Qu'est-ce que prouve la vie ? La mort. — Qu'est-ce que prouve la mort ? La vie. — Qu'est-ce que prouvent la vie et la mort ? L'amour. — L'amour, cette rose qui rit sur nos lèvres, mais qui a ses épines dans notre cœur.

LA JEUNESSE.

Vous croyez que, dans la nuit du tombeau, vous serez réveillé par l'aube matinale :

Oui, tu me réveilleras, aurore aux doigts de rose !

LE POÈTE.

Dès que nous voulons regarder la mort, la vie nous éblouit. Tout en lisant l'histoire de la vie, il faut en feuilleter toujours le roman. Les deux livres s'illuminent l'un par l'autre. On finit par les confondre, par se tromper de page, par ne plus savoir où l'on en est : c'est le point suprême de la science.

LA JEUNESSE.

L'arbre de la science, c'est l'arbre de la vie.

LE POÈTE.

O ma jeunesse! de toutes les belles choses que Dieu ait faites, vous êtes la meilleure. Quittez ces grands airs mélancoliques, et vivons gaiement ensemble comme des amoureux de Venise. Nous n'avons plus vingt ans, mais le soleil monte encore pour nous. Craignez-vous donc, ô ma mie! la saison des orages?

LA JEUNESSE.

Nous n'irons plus aux bois!

LE POÈTE.

Vous chantez la vieille chanson : *Nous n'irons plus aux bois, les lilas sont coupés!* Mais après les lilas les roses d'avril, après les roses d'avril les roses de toutes les saisons.

LA JEUNESSE.

La jeunesse n'est belle à voir qu'avec sa couronne de roses blanches.

LE POÈTE.

Consolez-vous, ô ma belle attristée! Je vous couronnerai de bluets, d'épis et de coquelicots; je suspendrai des cerises à vos jolies oreilles; j'ornerai votre sein d'un bouquet de fraises des bois.

LA JEUNESSE.

Avec les fruits mûrs l'âge mûr.

LE POÈTE.

Pour quelques-uns, oui; pour beaucoup, non. Ceux qui vivent par l'esprit et par le cœur dans le cortége des nobles passions, ceux-là ont la jeunesse après la jeunesse; ceux-là, quand ils ont cent ans, cueillent encore, comme Titien et comme Fontenelle, le regain qui résiste aux premiers givres. Homère, quand il est mort avec sa couronne de cheveux blancs, s'appuyait amoureusement sur la jeunesse.

LA JEUNESSE.

Qui vous a dit cela?

LE POÈTE.

Antipater le Corinthien, qui a écrit cette épitaphe : « Ci-gît Homère. — Que dis-tu? Tu ne sais pas s'il est ici ou là-bas, dans la terre ou dans la mer. — Homère est ici et là-bas, il est dans l'air qui passe. Voilà pourquoi, ô voyageur! tu respires la poésie dans l'air qui passe. Laisse-moi donc écrire : Ci-gît Homère, qui est mort en pleine jeunesse, puisqu'il est mort poëte. »

LA JEUNESSE.

Poëte, c'est-à-dire fou.

LE POÈTE.

Fou de la sublime folie. Ce ne sont pas des poëtes, ceux-là qui ne franchissent pas le Rubicon, car c'est de l'autre côté qu'est la poésie. Il fallait plus de génie à don Quichotte pour combattre les moulins à vent qu'à Sancho Pança pour rire de don Quichotte N'est pas fou qui veut l'être à ce degré-là. Quiconque n'apporte pas en naissant son grain de folie est un être déshérité de Dieu : il ne sera ni poëte, ni artiste, ni conquérant, ni amoureux, — ni jeune. — Ce marchand de cochons qui passe le gué là-bas tout en comptant sur ses doigts ce que chaque bête lui rapportera d'écus, est venu au monde avec les mains pleines de grains de sagesse. Aussi il n'a jamais eu vingt ans : il a été créé pour garder les pourceaux, — et lui-même n'est qu'un pourceau d'Épicure quand il est au cabaret et qu'il chante des sérénades à la servante de l'endroit. — Croyez-moi, jeunesse ma mie, Dieu ne vous a pas faite à l'usage de tout le monde : vous êtes la muse de la vie et vous ne vous donnez qu'à ceux qui savent monter jusqu'à vous. Il y en a qui s'imaginent vous connaître, parce qu'en allant à d'autres vous répandez le parfum de votre poésie en passant auprès d'eux, parce qu'ils ont eu quelques aspirations vers vous un jour que la musique éveillait à demi leur âme, un soir que leur maîtresse répandait une larme à travers leur éclat de rire. Mais ils n'ont pas pour cela chanté vos divines chansons dans le cortége des passions qui rient et des passions qui pleurent. Les aveugles! ils vous dépassent sans vous voir. Ils aiment mieux toucher la main fiévreuse de la fortune, que de dénouer, sous les fraîches ramées, votre ceinture de roses. — Restez au rivage, ô ma jeunesse! Restez en moi, avec le souvenir adoré des amours perdus. Restez en moi, — et quand la maison de mon âme tombera en ruines — faites avec mon âme le dernier voyage dans le bleu. — J'ai dit.

LE ROSIER DE LA MORTE

I

Non, je n'ai pas dit. Mon esprit n'a pas livré son secret; mon cœur a gardé la pudeur de ses larmes.

Si j'ai dit le roman de mon cœur, je n'en ai pas écrit l'histoire.

II

Que me chantent aujourd'hui ces chansons amoureuses où il n'y a plus d'amour, ces strophes à rimes sonores où il n'y a plus de poésie? Tout cela ne devait chanter que l'espace d'un matin.

Petites étoiles perdues dans mon ciel nocturne, le soleil s'est levé et vous a éteintes dans sa lumière.

Cécile, Sylvia, Ninon, pervenche, aubépine, camellia, — fleurs cueillies et fanées, — et vous, dont je ne sais plus les noms, — et vous dont je ne vois plus les masques, — vos ombres, mélancoliques et rieuses, peuplent le péristyle de mon monument tout bâti de roseaux, que soutiennent en vain deux cariatides : — l'art et la nature.

III

Dans ce monument, comme dans mon cœur, il y a un sanctuaire où vous n'avez pas pénétré, belles pécheresses impénitentes.

Dans ce sanctuaire, il y a un tombeau. Dans ce tombeau, il y a une femme, une femme qui est morte, mais dont l'âme immortelle est toute ma vie.

Dieu lui avait donné la beauté et l'amour; Dieu l'a prise pour le ciel, dans sa beauté et dans son amour, au matin de sa vie, sur le lit de violettes de sa jeunesse.

IV

O mon Dieu, qui m'avez frappé mortellement dans sa mort, quoi qu'il m'advienne de vos colères, je vous bénirai dans votre sagesse.

En me donnant cette femme, vous m'aviez donné votre grâce. Elle a été la beauté pour mes yeux, la lumière pour mon âme, la poésie pour mon cœur.

V

Avec elle, j'ai bâti mon château en Espagne, — là-bas, à Beaujon, à l'ombre des grands sycomores revêtus de lierre, — ce petit donjon persan, d'une architecture impossible, où le bonheur humain n'oserait poser son pied.

Solitude amoureuse, perdue dans Paris, — où le merle aux pattes d'or venait, en sifflant son cri de réveil-printemps, becqueter à nos pieds; — où le rossignol chantait à nos fenêtres, dans les branches touffues, sa chanson nocturne et lumineuse.

VI

Dans cette fraîche oasis du désert parisien, il y a un rosier gigantesque qui s'enroule à un acacia, à un kiosque et à un cerisier sauvage; un rosier tout épanoui de roses-thé, qui rit aux giboulées d'avril, et qui garde encore des fleurs pour les mains glaciales de décembre.

C'était là que nous vivions nos heures couronnées de roses.

VII

Son amour m'avait emparadisé : j'ai été chassé du paradis comme tous les fils d'Adam. Quand je me suis réveillé de ce rêve adoré, on frappait à la porte. — Qui vient si matin? — C'est la mort. — Ne prends ni l'enfant ni la femme, prends-moi. — Non, tu vas payer ton bonheur. — Et la mort a pris la femme.

Avant de partir, la morte me parla ainsi :

VIII

« Prends garde si tu ne m'as pas aimée comme je t'ai aimé moi-
« même; car, à l'heure de la résurrection, tu auras soif, et je ne
« te verserai pas l'eau vive du divin amour. »

Et elle tendit les bras — comme une âme qui prend sa volée. — Je tombai éperdu sur son cœur, elle soupira trois fois, et ce fut fini. Oh! le silence de la mort, quand c'est l'amour qui vient de mourir!

IX

La mort l'avait frappée sans la toucher, — tant c'était une beauté divine et inaltérable. — Vous l'avez vue, Lehmann, Jouffroy, Clésinger, Vidal, ô mes amis, peintres et sculpteurs qui lui avez donné la vie de la palette et du marbre.

Deux jours et deux nuits, elle garda sa figure de vingt ans, sereine et souriante : elle n'était pas morte, elle dormait.

X

Je la couchai dans le cercueil, toute parée comme en un jour de fête ; je lui cueillis toutes les roses de son rosier et je lui dis adieu par ces trois mots du poëte allemand : *Je t'ai aimée, je t'aime et je t'aimerai.*

L'église attendait. On couvrit le cercueil, on fit la nuit éternelle sur cette figure chastement radieuse qui était l'orgueil de la lumière.

XI

Je suis allé hier sous le rosier, là où elle rêvait aux joies de la vie, celle qui fut toute beauté, tout amour et toute vertu.

Celle qui fut l'âme de la maison, celle qui fut mon cœur, celle qui fut ma conscience, celle qui fut ma poésie.

O marâtre nature ! toi qui as enfanté la mort, pourquoi laisses-tu fleurir le rosier, quand tu as fermé les yeux de celle qui cueillait les roses?

Ces beaux yeux couleur du temps quand le ciel sourit à la terre.

Pourquoi ne me fermes-tu pas les yeux, à moi, qui ai pleuré toutes mes larmes?

XII

Je suis allé sous le rosier où elle a voulu venir à ses derniers jours, comme si le parfum des roses dût raviver son âme.

Sous le rosier où elle berçait son enfant par les vieilles chansons et par les contes de fées.

Sous le rosier où je lui parlais toujours du lendemain, sans pressentir que le lendemain, c'était le jour sans soleil.

Et je me suis souvenu que, le jour de sa mort, elle m'a regardé de son divin regard, en murmurant ces mots d'une voix déjà voilée : *Ami, tu me disais si souvent* : Demain !

XIII

Le rosier tant aimé était couvert de roses et ne la pleurait pas.

Le soleil versait sur ses branches étoilées les plus gais rayons ; le petit oiseau familier y égrenait sa gamme.

A l'ombre du rosier dans l'herbe haute qui n'avait pas été fauchée depuis le jour funèbre, les cigales dansaient sans peur, comme dans un pré solitaire.

J'ai cueilli un bouquet de roses, et je me suis en allé, cachant mes larmes.

Et on se disait, en me voyant passer : « Où va-t-il, avec son bouquet de roses à la main ? c'est un amoureux qui est attendu. »

Où je vais ? je vais à la Madeleine. Sous la chapelle de Saint-Vincent-de-Paul, il y a un cercueil de velours noir, — sa dernière robe !

Dans ce cercueil, il y a une jeune femme couchée, qui m'attend avec sa robe de mariée et son anneau nuptial.

XIV

Ami, tu me disais si souvent : Demain! Demain, n'est-ce pas le jour des éternelles hyménées? Quand je tombe à genoux devant ton cercueil, je ne trouve qu'un mot : demain!

Chère âme perdue! mon âme te cherche partout — au delà des nues, au delà de l'espace, au delà du temps!

Je cherche mon chemin dans la vie. C'est le sombre chemin des funérailles; mais, pour tous ceux qui ont aimé, le soleil se lèvera après la nuit sans étoiles.

XV

Cher rosier! je veux que tu ne fleurisses que pour elle. N'est-ce pas son âme qui parfume tes roses?

Hier, une jeune fille, tout enivrée de ses vingt ans, passant sous le rosier, voulait casser une branche courbée sous les roses. Chut! ce rosier, c'est un cyprès.

FIN

TABLE

Arsène Houssaye, par THÉODORE DE BANVILLE. 1
Préface. 55
Invocation à Diane Chasseresse. 37

LIVRE I — L'AMOUR

LES ROMANS DE LA VIE

Les Paradis perdus. 41
    Cantique des Cantiques. 46
    Les cinq Vertus de Ninon. 57
Les deux Rives. 69
Soupir. . . . .
Le violon brisé. . . . .
De Profundis 74
Au mois de Mai. 76
La vieille Chanson que tout le monde chante. 77
Les Clefs du Paradis. 79
Le Renouveau. 80
Sylvia. 81
L'Oiseau bleu. 82

La Chanson de ceux qui n'aiment plus.	85
La Chanson de ceux qui aiment toujours.	85
La Beauté.	87
La Muse.	88
La Rose du Bengale.	89
La Valse.	90
La Fenêtre.	91
Ainsi va l'Amour.	93
Chanson après souper.	94
Les Vendanges.	95
Sentiers perdus.	96
Le Bal de l'Opéra.	98
Saules pleureurs.	99
La Comédienne.	101
Vers écrits sur le sable.	102
Amours de théâtre.	103
Vingt ans.	106
Le Tombeau de l'Amour.	111
Paysage.	113
Ce que disent les étoiles.	114
Les Folies.	115
Tout ou Rien.	117
Le pays du Poëte.	118
La Mort du Cœur.	121
Voyage au Paradis.	123
Tableau du Corrége.	124
L'Ame de la maison.	125
Adieu Jeunesse.	128

LIVRE II — L'ART

LE MUSÉE DU POÈTE

Les cent Vers dorés de la Science.	131
L'Idéal.	136
Fresque de Pompéia.	138
Fresque bysantine.	140
La Rose blanche.	143
Molière.	153

Le Voyage du Poëte.	156
Devant un portrait de madame de Parabère.	157
Le Sceptre du Monde.	158
L'Herbe qui guérit tout.	159
Martia et Marguerite.	160
Le 24 Février.	163
L'Empire, c'est la Paix.	165
Sapho.	169
Sapho à Phaon.	169
La Mort de Sapho.	170
Le Tombeau de Sapho.	174
L'Immortalité de l'Ame.	176
Le Sang de Vénus.	179
Celle qui a trop aimé.	181
Tableau rococo.	183
Le Chemin de la vie.	185
A Lélia.	188
Les deux Siècles.	189
La Couronne d'épines.	190
La Science.	191
Béranger à l'Académie.	192
Désaugier à l'Académie.	194
Les quatre Saisons.	197
La Maîtresse du Titien.	198
La Chanson du Faune.	200
Le Voile sacré.	203
La Fille d'Ève.	205
Chanson antique.	207

LIVRE III — LA NATURE

LES SENTIERS PERDUS

Aux Poëtes.	211
Le premier Givre.	215
La Poésie dans les bois	217
Aline.	220
La voix de la Muse	222
Les Faneurs de foin.	225

La Fontaine.	252
Symphonie d'avril.	253
Tableau de genre.	256
Chanson de la terre au ciel.	238
Les Moissonneurs.	240
Vision dans la forêt.	247
La Mort.	250
Dieu.	252
La Hollande.	258
Page de la Bible.	261
Mignon revenant au pays.	264
Rimes familières.	266
Épitaphe de Paris.	269
La Fosse aux Lions.	271
L'Échelle de soie.	272
Euterpe.	276
Adieu aux bois.	281
Je sens fuir le rivage.	284

LIVRE IV

LA POÉSIE PRIMITIVE

La Chanson du Vitrier.	287
La Source.	291
Jeanne et Madeleine.	294
La Chanson de Galatée.	297
La Bouquetière de Florence.	299
L'Amour et la Muse.	304
Violante.	310
Les Larmes de Jacqueline aux cheveux d'or.	314
Les Syrènes.	319
L'Hélène de Zeuxis.	322
L'Amoureuse qui se nourrit de roses.	324
La Muse de la vie.	327
Le Rosier de la morte.	333

www.ingramcontent.com/pod-product-compliance
Lightning Source LLC
Chambersburg PA
CBHW070903170426
43202CB00012B/2172